TRAITÉ

DE COMPOSITION ÉLÉMENTAIRE DES ACCORDS.

DÉDIÉ

A MONSIEUR LE SUEUR,

MEMBRE DE L'INSTITUT, CHEVALIER DES ORDRES DE LA LÉGION D'HONNEUR ET DE LOUIS DE HESSE DARMSTADT, PROFESSEUR DE COMPOSITION AU CONSERVATOIRE DE MUSIQUE ET MEMBRE DES PRINCIPALES ACADÉMIES DE L'EUROPE.

Par

DAUVILLIERS.

Prix 20^f

A PARIS, chez JANET et COTELLE, Rue St Honoré, N° 123,
et chez l'Auteur, Rue de l'Abbaye, N° 16 Faub^g St Germain.

1834.

Monsieur,

J'accepte avec grand plaisir la dédicace de votre
utile et savant ouvrage que vous êtes assez bon de m'offrir.
Le talent de son auteur est un sûr garant
de la manière ingénieuse et habile dont il sera traité.
Mon nom à la tête de cet ouvrage, que je regarde
comme très-utile, ne lui sera point un appui, mais
un gage de l'estime et de la haute considération
que je conserverai toujours à son auteur.

J'ai l'honneur d'être,

Monsieur,

Votre affectionné

Le Sueur

Paris, ce 8 Janvier
1834.

A Monsieur LE SUEUR, membre de l'Institut, Chevalier des ordres de la légion d'honneur et de Louis de Hesse DARMSTADT,
professeur de Composition au Conservatoire de musique et membre
des Principales Académies de l'Europe.

MONSIEUR.

La Musique est une science qui a été en recommandation
dans tous les tems et chez tous les peuples éclairés. En tout tems
les hommes qui ont eu quelque pouvoir, se sont fait un honneur d'en
courager et de soutenir de leur protection, cet art dont l'empire
est si puissant sur le genre humain.

Dans le traité que j'ai l'honneur de soumettre à votre appro-
bation, je n'ai pas la prétention, Monsieur, de me croire entré
dans une route nouvelle et inconnue à mes prédécesseurs; puisque
l'origine des accords une fois trouvée il ne s'agissait plus, comme
l'ont fait jusqu'ici, les plus grands musiciens, et comme je l'ai fait
moi même après eux, que de les exposer dans l'ordre le plus
clair et le plus méthodique, afin d'en faciliter la connaissance par
des préceptes.

C'est cette clarté, c'est cette méthode que je me suis effor-
cé d'atteindre: les préceptes que j'ai développés sont courts, nette-
ment exposés et à la portée d'un élève quelconque; instruit toute-
fois, des premiers principes de la musique.

La Célébrité qui vous est si justement acquise, Monsieur,
dans la carrière musicale, ne s'oubliera jamais et vos ouvrages ser-
viront, dans l'avenir, de modèle à ceux qui suivront la même carrière. Quel présage pour mon ouvrage, lorsqu'il se présentera
sous les auspices du nom de LESUEUR; le public ne pourra
accueillir que de la manière la plus favorable, une production
que vous aurez honoré de votre suffrage. Ce sera pour moi le
motif d'encouragement le plus puissant et le garant le plus cer-
tain de son succès.

Je suis avec la plus haute considération,

MONSIEUR,

Votre très obéissant et dévoué serviteur
DESVILLIERS

AVIS.

~~~~~~

Monsieur Dauvilliers, auteur d'un Solfège élémentaire qui fut accueilli par les suffrages et les éloges des compositeurs et professeurs célèbres, offre maintenant aux amateurs, un traité court et élémentaire sur la composition des accords. La clarté, la précision que les hommes célèbres ont reconnu dans les principes de musique élémentaire, l'encouragent à présenter son traité au public, puisqu'il a suivi la même méthode: ce traité est le fruit de ses longues études et de ses expériences. Les succès qu'il en a obtenu sur plusieurs élèves, lui font espérer qu'il méritera les suffrages de ceux qui veulent étudier cette partie importante de la musique.

L'auteur expose d'abord les principes nécessaires à l'intelligence du traité. La méthode avec laquelle ces principes sont expliqués, rendent leur étude facile à comprendre. Ensuite, **pour éviter** la confusion qui pourrait résulter d'une suite d'explications et qui demanderaient une grande attention pour être saisies; l'auteur présente aux élèves, les accords sous la forme d'un tableau synoptique ou l'on trouve leurs noms, leurs chiffres, les distances qui les composent et les notes ou on peut les pratiquer.

Les longs ouvrages qui ont paru jusqu'ici sur cette matière, ont pu décourager les amateurs par l'obscurité qui règne généralement dans ces savans traités: mais celui que l'auteur présente au public, outre les avantages qui lui sont propres, a encore celui d'éclaircirles autres, de faciliter leur étude par l'exposition claire et méthodique des principes fondamentaux de l'harmonie.

Le seul desir d'être utile à ceux qui veulent étudier la composition des accords, a engagé l'auteur à donner ce traité, qui n'est qu'un résumé des longs ouvrages qui ont paru sur ce sujet.

Puisse-t-il mériter les suffrages de ceux qui voudront s'instruire et obtenir l'accueil favorable de ceux mêmes qui ont écrit sur ce sujet: dans **leurs savans traités** (par cet opuscule) les amateurs pourront mieux en apprécier tout le mérite.
~~~~~~

DE L'HARMONIE, DE LA MÉLODIE
ET DE LA MUSIQUE PRATIQUE.

L'harmonie sans la mélodie est un corps sans âme. La mélodie est donc l'âme de la musique, sa nature est de tendre à la perfection de l'art musical, tandis que l'harmonie tend toujours à l'éloigner plus ou moins de son véritable but, en le rendant savant aux dépens de la simplicité qui en fait le charme. Le Génie ne veut pas être commandé.

Pour sentir les effets d'une harmonie savante, il faut être savant soi même : et sans effort, tout le monde est sensible aux douceurs et à l'émotion que procure la mélodie. Les grands savans qui ne s'attachent qu'à l'harmonie, devraient se convaincre que la véritable et bonne musique, est celle que tout le monde peut retenir, parce qu'elle est simple et naturelle. On accuse souvent de n'être pas savant, celui qui s'attache plus à la mélodie qu'à l'harmonie, parce qu'il a une musique douce, gracieuse, chantante et non difficile. Il est bien plus aisé de composer ce qu'on appelle des tours de force en musique, (tant pour la voix que pour l'instrument,) qu'un chant agréable et qui peint le caractère de l'expression.

La Musique mélodieuse, est l'effet de l'inspiration : et la musique harmonieuse, celui du calcul mathématiquement régulier.

La musique par excellence sera toujours celle qui sera basée sur la mélodie, avec des accompagnemens qui laisseront entendre le chant, d'accord avec les paroles pour lesquelles il doit être fait, ainsi que la partie principale de tout morceau de musique.

L'harmonie est une suite agréable d'accords consonnans et dissonans, et c'est avec le choix de ces accords, que l'on doit chercher à produire les différens sentimens qu'on veut peindre.

La mélodie est une suite de sons qui en se succédant les uns aux autres, flattent l'oreille et forment un chant.

La Mélodie et l'Harmonie sont deux sœurs, qui n'aiment point le partage et qu'on ne doit jamais séparer.

La Musique pratique ou la composition est l'art d'inventer des chants qui forment des phrases, de peindre tout sentiment quelconque et de plaire.

PREMIERE LEÇON.

La Musique est composée de Sept notes, qui forment Sept Sons principaux, que l'on nomme, DO, RE, MI, FA, SOL, LA, SI: Ces Sons forment entr'eux cinq tons et deux demi‑tons majeurs, en y joignant l'Octave du premier Son.

EXEMPLE.

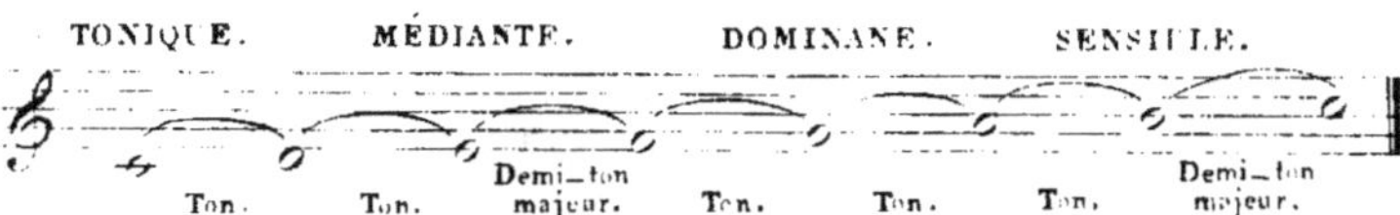

On les augmente de cinq autres Sons, par le secours du Dièse du Bémol ou du Bécarre.

EXEMPLE DES DIÈSES.

EXEMPLE DES BÉMOLS ET BÉCARRES.

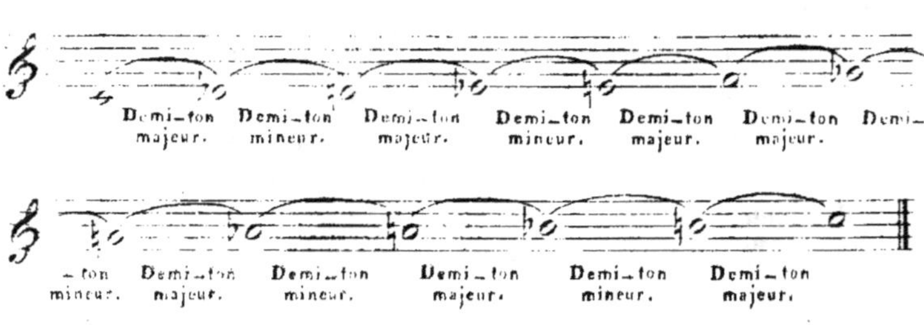

Il y a deux sortes de demi‑tons: l'un est majeur et l'autre est mineur. Le demi‑ton majeur se distingue par la note suivante qui doit monter ou descendre d'un dégré.

EXEMPLE.

DO #, RE,.......... demi_ton majeur.	DO, SI,............. demi_ton majeur.	
RE #, MI,............ id:	id:	SI b, LA,............. id:	id:
MI , FA,............ id:	id:	LA, SOL #,............ id:	id:
FA #, SOL........... id:	id:	SOL, FA #,............ id:	id:
SOL #, LA,..........id:	id:	FA, MI,.............. id:	id:
LA, SI b,........... id:	id:	MI b, RE,............. id:	id:
SI , DO,............ id:	id:	RE b, DO,............. id:	id:

EXEMPLE.

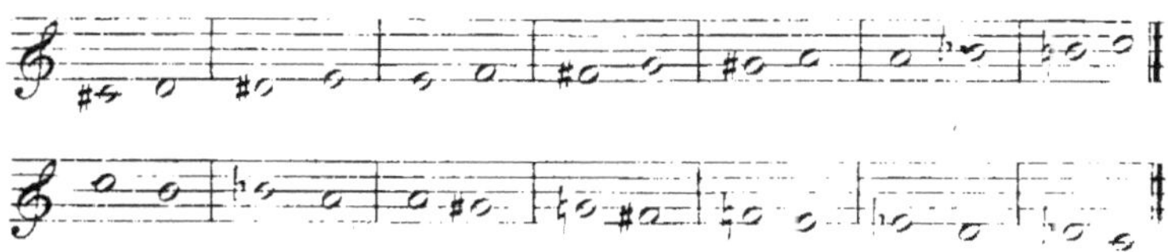

Le demi_ton mineur se distingue par la note suivante qui doit rester sur le même dégré.

DO, DO #,...... demi_ton mineur	DO #, DO ♮,........demi_ton mineur.	
RE b, RE ♮,............id:	id:	SI, SI b,.............. id:	id:
MI b, MI ♮,............id:	id:	LA, LA b,............. id:	id:
FA, FA #,............ id:	id:	SOL, SOL b,........... id:	id:
SOL, SOL #,..........id:	id:	FA #, FA ♮,.......... id:	id:
LA, LA #,.............id:	id:	MI, MI b,............. id:	id:
SI b, SI ♮,..............id:	id:	RE, RE b,............. id:	id:

EXEMPLE.

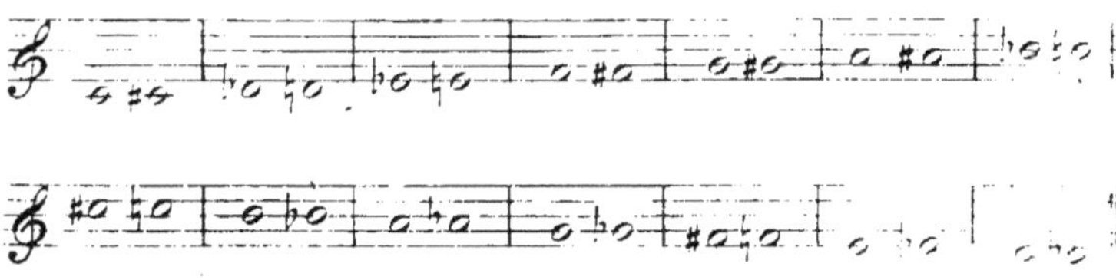

Il faut observer que sur plusieurs instrumens, tels que
le Piano Forte, etc il n'y a pas de différence entre,

DO♯ et RE♭,	SOL♯ et LA♭,
RE♯ et MI♭,	LA♯ et SI♭,
MI et FA♭,	SI et DO♭,
MI♯ et FA,	SI♯ et DO.
FA♯ et SOL♭,	

EXEMPLE.

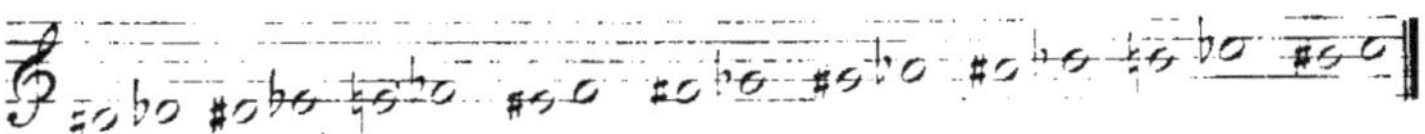

DES INTERVALLES.

L'intervalle est la distance qu'il y a d'une note à une autre, et
c'est de cet intervalle que tous les Accords prennent leurs dénomi-
nations: l'intervalle le moins éloigné est celui de Seconde et le plus
éloigné est celui de Treizième, formé par la réplique de la Sixième
note de la gamme.

de DO à RE .... Intervalle.... de Seconde.
de DO à MI, ... de Tierce.
de DO à FA .... de Quarte.
de DO à SOL, ... de Quinte.
de DO à LA .... de Sixte.
de DO à SI .... de Septième.
de DO à DO. .... de Huitième ou Octave.
de DO à RE   Octave .... de Neuvième.
de DO à FA   Octave .... de Onzième.
de DO à LA   Octave .... de Treizième.

TIERCE, est un mot qui signifie, Troisième ou Trois.
QUARTE .... Quatrième ou Quatre.
QUINTE .... Cinquième ou Cinq.
SIXTE .... Sixième   ou Six.
OCTAVE .... Huitième ou Huit.

EXEMPLE.

Les intervalles consonnans sont

DO, MI,	Tierce, ou en abrégé	3.e
DO, SOL,	Quinte ou	5.te
DO, LA,	Sixte ou	6.te
DO, DO,	Octave, ou	8.ve

Les intervalles dissonans

DO, RE,	Seconde, ou	2.de
DO, FA,	Quarte, ou	4.te
DO, SI,	Septième, ou	7.ème
DO, RE à l'Octave	Neuvième, ou	9.ème
DO, FA à l'Octave	Onzième, ou	11.ème
DO, LA à l'Octave	Treizième, ou	13.ème

On distingue ces intervalles de cinq manières

La Première	en Majeur.
La Seconde	en Mineur.
La Troisième	et Augmentée.
La Quatrième	et Diminuée.
La Cinquième	et Naturel.

La Seconde, la Tierce, la Quarte, la Sixte, la Septième, la Neuvième et la Treizième, peuvent se nommer Majeure ou Mineure.

La Quarte et la Quinte, peuvent se nommer Naturelle.

La Seconde, la Quarte, la Quinte, la Sixte et la Septième, peuvent se nommer augmentée.

La Seconde, la Tierce, la Quarte, la Quinte et la Septième peuvent se nommer Diminuée.

DES ACCORDS FORMÉS PAR DEUX NOTES.

On appelle Accord, l'union de plusieurs Sons. Deux Sons suffisent pour former un Accord: Mais cet Accord n'est qu'une portion d'un Accord composé de plusieurs Sons; c'est pourquoi on divise les Accords, en Accords complets et Accords incomplets.

Un Accord complet est formé de tous les Sons qui composent un Accord quelconque.

Un Accord incomplet est formé de quelques uns des Sons d'un Accord complet, il est composé de deux notes telles que,

La Seconde .... DO, RE.

La Tierce .... DO, MI.

La Quarte .... DO, FA.

La Quinte .... DO, SOL.

La Sixte .... DO, LA.

La Septième .... DO, SI.

La Neuvième .... DO, RE   Oct.^{ve}

La Onzième .... DO, FA   Oct.^{ve}

La Treizième .... DO, LA   Oct.^{ve}

Il y a trois sortes de Secondes: la Seconde mineure ou di‑minuée, la Seconde majeure et la Seconde augmentée.

La Seconde mineure ou diminuée est composée d'un demi‑ton majeur .... SOL$^♯$, LA.

La Seconde majeure est composée d'un ton .... DO, RE.

La Seconde augmentée est composée d'un ton et d'un demi‑ton mineur .... FA , SOL$^♯$.

Le ton et le demi-ton, sont marqués par les lettres T. D.

EXEMPLE.

Il y a trois sortes de Tierces: la Tierce diminuée, la Tierce mineure et la Tierce majeure.

La Tierce diminuée, est composée de deux demi-tons Majeurs..RE♯ FA.

La Tierce mineure, est composée d'un ton et d'un demi-ton majeur..LA, DO.

La Tierce majeure est composée de deux tons.....DO, MI.

EXEMPLE.

Il y a trois sortes de Quartes: la Quarte diminuée, la Quarte naturelle et la Quarte majeure ou augmentée; on l'appelle encore Triton, à cause des trois tons qu'elle renferme.

La Quarte diminuée, est composée d'un ton et de deux demi-tons majeurs..SOL♯, DO.

La Quarte naturelle, de deux tons et d'un demi-ton Majeur..DO, FA.

La Quarte majeure ou augmentée de trois tons.....FA, SI

EXEMPLE.

Il y a trois sortes de Quintes: la Quinte diminuée, la Quinte naturelle et la Quinte augmentée.

La Quinte diminuée, est composée de deux tons et de deux demi-tons majeurs..SI, FA.

La Quinte naturelle, de trois tons et d'un demi-ton majeur...DO, SOL.

La Quinte augmentée de quatre tons............DO, SOL$\sharp$.

EXEMPLE.

Il y a trois sortes de Sixtes: La Sixte mineure, la Sixte majeure et la Sixte augmentée.

La Sixte mineure, est composée de trois tons et de deux demi-tons majeurs.......................................MI, DO.

La Sixte majeure, de quatre tons et d'un demi-ton majeur..DO, LA.

La Sixte augmentée, de quatre tons et de deux demi-tons, l'un majeur et l'autre mineur............................FA, RE$\sharp$.

EXEMPLE.

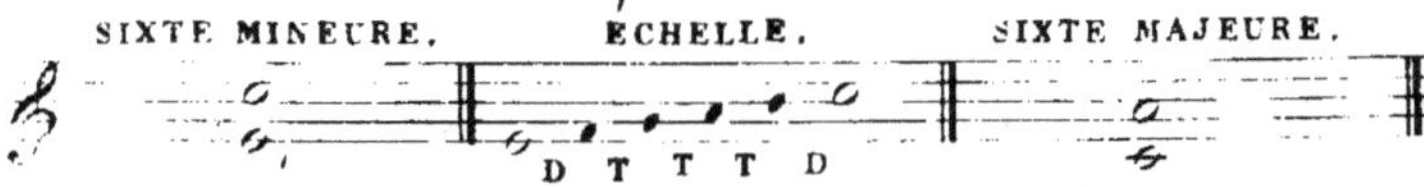

Il y a quatre sortes de Septièmes: la Septième diminuée, la Septième mineure, la Septième majeure et la Septième de Dominante. On s'accorde à nommer la Septième de dominante, Septième augmentée, lorsqu'elle s'emploie sur la note tonique ou première note du ton.

La Septième diminuée est composée de trois tons et de trois demi-tons majeurs.......................................SOL♯ FA.

La Septième mineure, de quatre tons et de deux demi-tons majeurs... RE, DO.

La Septième majeure, de cinq tons et d'un demi-ton majeur...DO, SI.

La Septième de Dominante ou Septième par excellence, de quatre tons et de deux demi-tons majeurs ....SOL FA

EXEMPLE.

L'octave majeur, est composée de cinq tons et de deux demi-tons majeurs...................................DO et l'octave DO.

EXEMPLE.

Il y a deux sortes de Neuvièmes : la Neuvième majeure et la Neuvième mineure.

La Neuvième mineure, est composée de cinq tons et trois demi-tons majeurs........................... MI et l'Octave de FA.

La Neuvième majeure, de six tons et de deux demi-tons majeurs........................... DO et l'Octave de RE.

EXEMPLE.

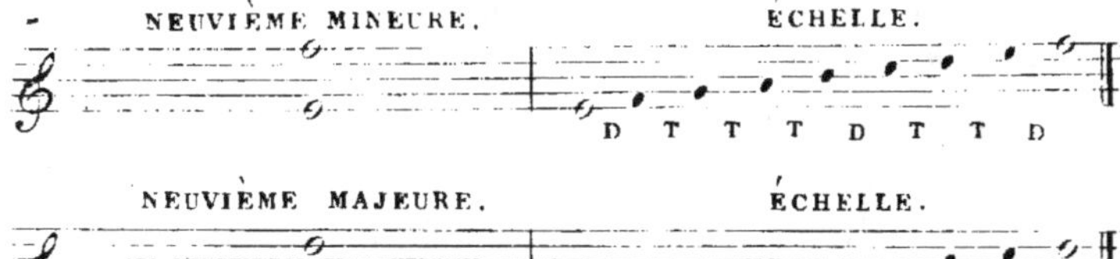

La Onzième, est composée de sept tons et de trois demi-tons majeurs...........................DO et l'Octave de FA.

EXEMPLE.

La Treizième mineure, est composée de huit tons et de quatre demi-tons majeurs................... LA et l'Octave de FA.

EXEMPLE.

DEUXIÈME LEÇON.

PRODUCTION DES INTERVALLES PAR RENVERSEMENS.

Les Secondes, produisent par Renversemens les SEPTIÈMES.
Les Tierces, produisent ....les SIXTES.
Les Quartes, produisent.............................les QUINTES.
Les Quintes, produisent ....les QUARTES.
Les Sixtes, produisent.............................les TIERCES.
Les Septièmes, produisent.............................les SECONDES.

La Seconde mineure, produit par renversement la Septième majeure ....

$$\left\{ \begin{array}{c|c} \text{DO.} & \text{SI.} \\ \text{SI,} & \text{DO,} \end{array} \right.$$

La Seconde majeure, produit ....la Septième mineure.

$$\left\{ \begin{array}{c|c} \text{SOL.} & \text{FA.} \\ \text{FA ,} & \text{SOL,} \end{array} \right.$$

La Seconde augmentée produit............la Septième diminuée

$$\left\{ \begin{array}{c|c} \text{SOL}\sharp & \text{FA.} \\ \text{FA ,} & \text{SOL}\sharp \end{array} \right.$$

EXEMPLE.

La Tierce diminuée, produit par renversement, la Sixte
augmentée..
$\left\{\begin{array}{c|c} \text{FA.} & \text{RÉ}^{\sharp}. \\ \text{RÉ}^{\sharp}, & \text{FA,} \end{array}\right.$

La Tierce mineure, produit............... la Sixte majeure.
$\left\{\begin{array}{c|c} \text{DO.} & \text{LA.} \\ \text{LA,} & \text{DO,} \end{array}\right.$

La **Tierce** majeure, produit .... la Sixte mineure.
$\left\{\begin{array}{c|c} \text{MI.} & \text{DO.} \\ \text{DO,} & \text{MI,} \end{array}\right.$

EXEMPLE.

La Quarte diminuée, produit par renversement la Quinte
augmentée..
$\left\{\begin{array}{c|c} \text{DO.} & \text{SOL}^{\sharp} \\ \text{SOL}^{\sharp}, & \text{DO,} \end{array}\right.$

La Quarte naturelle, produit.............. la Quinte naturelle.
$\left\{\begin{array}{c|c} \text{DO.} & \text{SOL.} \\ \text{SOL,} & \text{DO,} \end{array}\right.$

La Quarte augmentée, produit............ la Quinte diminuée.
$\left\{\begin{array}{c|c} \text{SI.} & \text{FA.} \\ \text{FA,} & \text{SI,} \end{array}\right.$

EXEMPLE.

La Quinte diminuée, produit par renversement la Quarte aug...

mentée.. { FA. | SI.
                        { SI, | FA,

La Quinte naturelle, produit................la Quarte naturelle

             { SOL. | DO.
             { DO, | SOL,

La Quinte augmentée, produit............... La Quarte diminuée

             { SOL$^\sharp$ | DO.
             { DO, | SOL$^\sharp$,

EXEMPLE.

La Sixte mineure, produit par renversement la Tierce

majeure.. { DO. | MI.
                        { MI, | DO,

La Sixte majeure, produit par renversement la Tierce mi_
neure..
{ LA. | DO.
{ DO, | LA,

La Sixte augmentée, produit.................la Tierce diminuée.

{ RÉ♯ | FA.
{ FA, | RÉ♯,

EXEMPLE.

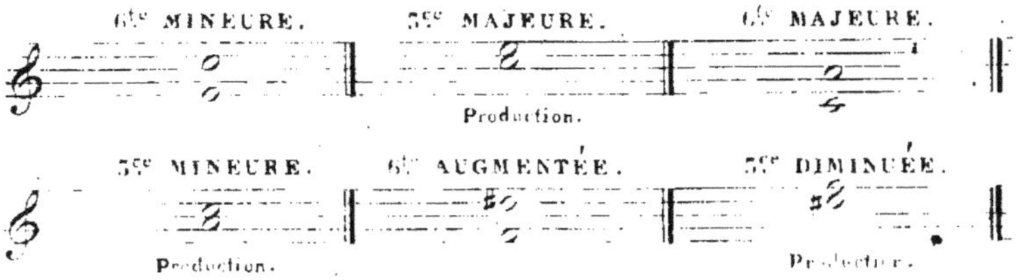

La Septième diminuée, produit par renversement la Seconde
augmentée ....
{ FA. | SOL♯
{ SOL♯, | FA,

La Septième mineure, produit............... la Seconde majeure.

{ SOL. | LA.
{ LA, | SOL,

La Septième majeure, produit .... la Seconde mineure.

{ SI. | DO.
{ DO, | SI,

EXEMPLE.

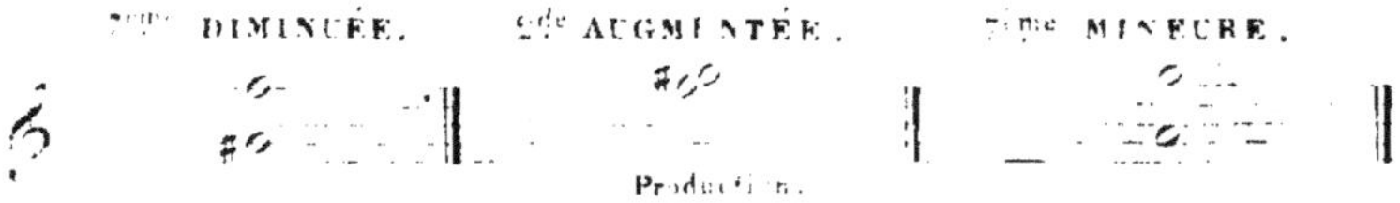

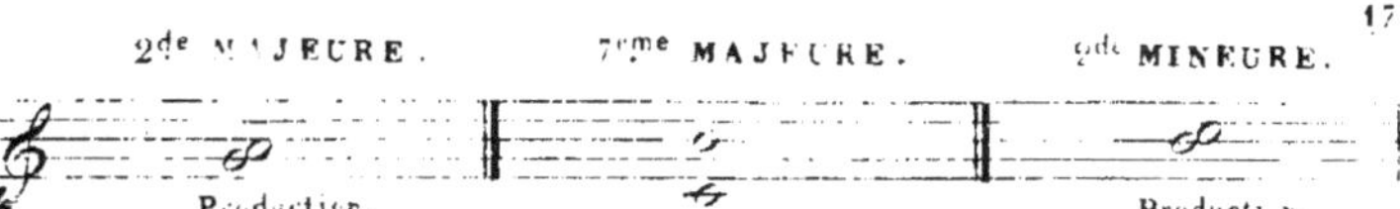

On regarde les Octaves de la Seconde augmentée, de la Tierce mineure et majeure, de la Quinte diminuée, la Quinte naturelle, la Quinte augmentée, de la Septième diminuée, la Septième majeure et mineure, comme une note dont elles sont les Octaves.

EXEMPLE.

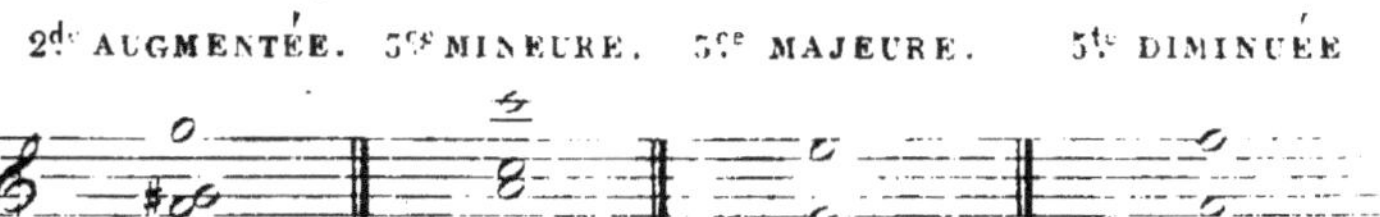

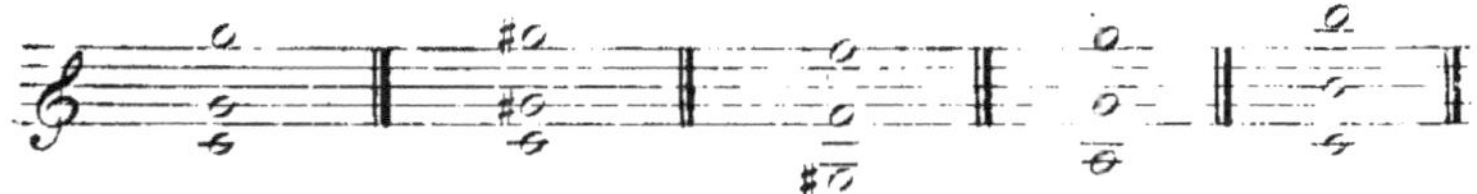

On regarde quelquefois la Seconde, la Quarte et la Sixte, tantôt comme Seconde, Quarte et Sixte, et tantôt comme Neuvième, Onzième et Treizième. La basse fondamentale décide quels Accords ces notes forment dans les différens endroits ou elles paraissent. On entend par Basse fondamentale, une basse qui ne porte jamais au dessus d'elle que l'accord parfait et l'accord de Septième.

Lorsque deux notes font un intervalle d'un demi-ton majeur ou mineur soit en montant, soit en descendant; on les met à telle distance que l'on veut, pourvu qu'elles montent et descendent d'un degré, comme FA♯ SOL: SOL♯ LA; en montant etc. LA, SOL♯ SOL, FA♯ en descendant, etc. ou lorsqu'elles restent sur le même degré, comme SI♭ SI♮ DO DO♯

EXEMPLE.

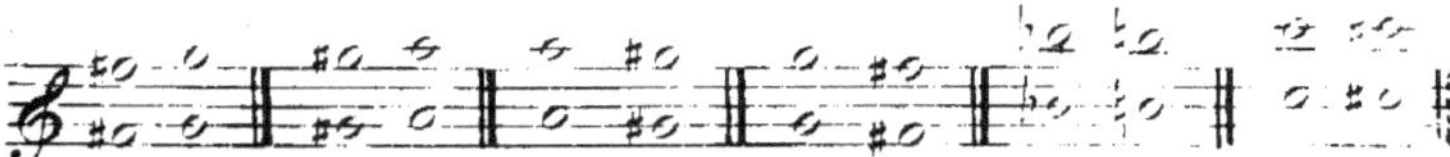

18 Les notes des Gammes Majeures et Mineures se nomment

TONIQUE ou .... 1ère Note.

2ème Note.

MÉDIANTE ou .... 3ème Note.

4ème Note.

DOMINANTE ou .... 5ème Note

6ème Note.

NOTE SENSIBLE ou .... 7ème Note.

On prend ordinairement pour exemple la Gamme de DO Majeur et celle de LA Mineur.

On distingue la gamme majeure par la Tierce, qui est composée de deux Tons et la gamme mineure par la Tierce qui est composée d'un Ton et d'un demi-Ton majeur.

EXEMPLE.

Gamme de DO Majeur.

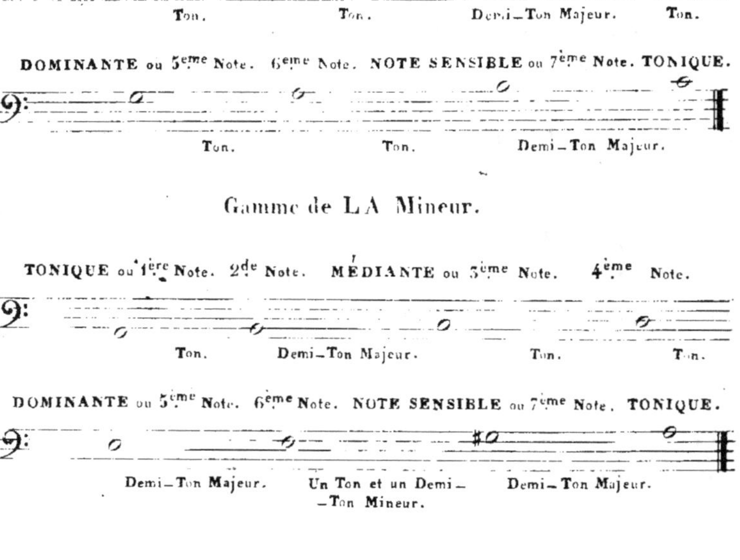

Gamme de LA Mineur.

Autre Gamme de LA Mineur.

TONIQUE ou 1ère Note. 2de Note. MÉDIANTE ou 3ème Note. 4ème Note.

Ton.   Demi–Ton Majeur.   Ton.   Ton.

DOMINANTE ou 5ème Note. 6ème Note. NOTE SENSIBLE ou 7ème Note. TONIQUE.

Ton.   Ton.   Demi–Ton Majeur.

L'harmonie consiste dans l'Accord parfait et dans l'Accord de Septième: Accords produits par la Basse fondamentale, selon le système de Rameau, elle ne s'exécute point.

L'Accord parfait est composé de deux Tierces.

Accord Parfait sur la Tonique ou 1ère Note du ton DO, MI, SOL.
Accord Parfait sur la 2de Note......................... RÉ, FA, LA.
Accord Parfait sur la 3ème Note......................... MI, SOL, SI.
Accord Parfait sur la 4ème Note......................... FA, LA, DO.
Accord Parfait sur la 5ème Note......................... SOL, SI, RE.
Accord Parfait sur la 6ème Note......................... LA, DO, MI.
Accord Parfait sur la 7ème Note.........................SI, RÉ, FA.

L'accord de Septième est composé de trois Tierces, il est formé par l'Accord parfait en ajoutant une Tierce en montant.

Accord de Septième sur la Tonique......... DO, MI, SOL, SI.
Accord de Septième sur la 2de Note....RÉ, FA, LA, DO.
Accord de Septième sur la 3ème Note....MI, SOL, SI, RÉ.
Accord de Septième sur la 4ème Note.....FA, LA, DO, MI.
Accord de Septième sur la 5ème Note.....SOL, SI, RÉ, FA.
Accord de Septième sur la 6ème Note.....LA, DO, MI, SOL.
Accord de Septième sur la 7ème Note.....SI, RÉ, FA, LA.

DES TONS OU MODES.

On distingue dans la Musique deux Tons ou Modes: savoir le Majeur et le Mineur. On prend pour modèle le ton de DO majeur et le ton de LA mineur. Tous les autres tons sont subordonnés à ces dits Tons ou Modes.

Le Ton ou Mode est indiqué par une note principale, note à laquelle toutes les autres sont subordonnées.

ÉNUMÉRATION DES ACCORDS PRODUITS DE L'ACCORD PARFAIT ET DE L'ACCORD DE SEPTIÈME.

On distingue deux sortes d'Accords parfaits: l'Accord parfait majeur et l'Accord parfait mineur.

On distingue cinq sortes de Septièmes: l'Accord de Septième de Dominante ou Septième par excellence, l'Accord de Septième majeure, l'Accord de Septième mineure, l'Accord de Septième mineure et Quinte diminuée, et l'Accord de Septième diminuée.

Lorsqu'on pratique la Septième de Dominante sur la note tonique ou Première note du ton on l'appelle Septième augmentée il conviendrait mieux de la nommer Onzième tonique.

On divise les Accords en deux classes principales: savoir en Consonnans et en Dissonans.

Les Accords consonnans sont ceux qui plaisent par eux‑mêmes, et les Accords dissonans, ceux qui, par eux‑mêmes, choquent l'oreille, et ne plaisent que par le moyen de certaines précautions, qui consistent à les préparer et sauver et savoir les employer à propos.

Il y a trois sortes d'Accords consonnans: savoir, l'Accord parfait; l'Accord de Sixte produit par le renversement de l'Accord parfait; et l'Accord de Quarte et Sixte, produit par le renversement de l'Accord parfait.

Il y a quatre Accords dissonans ordinaires: savoir, l'accord de Septième de dominante, formé par l'Accord parfait de la do‑

nante ou Cinquième note, en ajoutant une Tierce mineure. l'accord de Septième Majeure, formé par l'Accord parfait de la Tonique ou Première note du ton, et par l'Accord parfait de la Quatrième note du ton, Gamme majeure, en ajoutant une Tierce majeure. l'Accord de Septième mineure, formé par l'Accord parfait de la Troisième note du ton et par l'Accord parfait de la Sixième note du ton, Gamme majeure, en ajoutant une Tierce mineure. l'Accord de Septième mineure et Quinte diminuée, formé par l'Accord parfait de la note Sensible ou Septième note du ton, Gamme majeure, en ajoutant une Tierce majeure.

Les productions de ces quatre Accords, par renversemens, sont aussi des Accords dissonans ordinaires.

Il y a sept autres Accords dissonans extraordinaires: savoir l'Accord de Neuvième, l'Accord de Quinte augmentée avec Neuvième, l'Accord de Onzième, l'Accord de Onzième avec Quinte augmentée, l'Accord de Onzième tonique, appelée Septième augmentée, l'Accord de Treizième tonique, appelée Septième augmentée avec Sixte mineure. La Basse n'est point comprise dans l'Accord fondamental: Elle ne peut être au dessus du Son fondamental, c'est-à-dire qu'elle ne peut être admise dans ce qu'on appelle Parties. Enfin il y a la Septième diminuée et ses productions par renversemens.

Les dissonances majeures lorsqu'elles sont notes sensibles ne se préparent point: mais elles se sauvent en montant d'un degré la note qui suit la dissonance.

Les autres dissonances majeures et mineures se préparent par une note semblable à celle qui forme la dissonance, et se sauvent en descendant d'un degré la note qui suit la dissonance.

On doit se servir très scrupuleusement de certains Accords dissonans extraordinaires, et n'employer que les notes de l'Accord qui blessent le moins l'oreille.

TROISIÈME LEÇON.

ACCORDS PRIMITIFS, FORMÉS PAR LES ACCORDS FONDAMENTAUX: DE CES ACCORDS NAISSENT TOUS LES AUTRES.

Il y a sept Accords Primitifs.

L'Accord parfait majeur.

L'Accord parfait mineur.

L'Accord de Septième de Dominante.

L'Accord de Septième majeure.

L'Accord de Septième mineure.

L'Accord de Septième mineure et Quinte diminuée.

L'Accord de Septième diminuée.

L'Accord parfait majeur, est composé de Tierce majeure et Quinte naturelle.

L'Accord parfait mineur, est composé de Tierce mineure et Quinte naturelle.

L'Accord de Septième de Dominante, est composé de Tierce majeure, Quinte naturelle et Septième mineure.

L'Accord de Septième majeure, est composé de Tierce majeure, Quinte naturelle et Septième majeure.

L'Accord de Septième mineure, est composé de Tierce mineure, Quinte naturelle et Septième mineure.

L'Accord de Septième mineure et Quinte diminuée, est composé de Tierce mineure, Quinte diminuée et Septième mineure.

L'Accord de Septième diminuée, est composé de Tierce mineure, Quinte diminuée et Septième diminuée.

ACCORDS DÉRIVÉS PAR RENVERSEMENS OU PRODUITS PAR LES ACCORDS PRIMITIFS.

L'Accord parfait majeur, produit par renversement, deux Accords, l'Accord de Sixte et l'Accord de Quarte et Sixte.

L'Accord parfait mineur, produit par renversement deux Accords: l'Accord de Sixte et l'Accord de Quarte et Sixte.

L'Accord de Septième de Dominante, produit par renversement trois Accords: l'Accord de Quinte diminuée, l'Accord de petite Sixte et l'Accord de Quarte augmentée.

L'Accord de Septième majeure, produit par renversement trois Accords: l'Accord de Quinte et Sixte, l'Accord de petite Sixte et l'Accord de Seconde.

L'Accord de Septième mineure, produit par renversement trois Accords: l'Accord de Quinte et Sixte, l'Accord de petite Sixte et l'Accord de Seconde.

L'Accord de Septième mineure et Quinte diminuée, produit par renversement trois Accords: l'Accord de Quinte et Sixte, l'Accord de petite Sixte avec Quarte augmentée et l'Accord de Seconde majeure.

L'Accord de Septième diminuée, produit par renversement trois Accords: l'Accord de Quinte diminuée et Sixte majeure, l'Accord de Quarte augmentée et Tierce mineure et l'Accord de Seconde augmentée.

Accords dérivés par renversemens, produits par les Accords primitifs, avec les notes de la Gamme sur lesquelles en peut employer ces Accords.

EXEMPLE.

	ACCORDS.	COMPOSÉ	NOTES DE LA GAMME.
	Accord parfait Majeur.	de 3ce Majeure et 5te Naturelle DO, MI, SOL: FA, LA, DO: SOL, SI, RÉ.	Sur la note Tonique, la 4e et la 5eme note d'un ton Majeur.
1er Renvt	Accord de Sixte Mineure.	de 3ce Mineure et 6te Mineure MI, SOL, DO: LA, DO, FA: SI, RÉ, SOL.	Sur la 3eme, la 6eme et la 7me note d'un ton Majeur

	ACCORDS	COMPOSÉ	NOTES DE LA GAMME.
2ème Renv.ᵗ	Accord de Quarte et Sixte Majeure.	de 4.ᵗᵉ Naturelle et 6.ᵗᵉ Majeure. DO, FA, LA : SOL, DO, MI.	Sur la 1ᵉʳᵉ et la 5ᵉᵐᵉ note d'un ton Majeur.
	Accord parfait Mineur.	de 3.ᵗᵉ Mineure et 5.ᵗᵉ Naturelle. LA, DO, MI : RE, FA, LA.	Sur la 1ᵉʳᵉ et la 4.ᵉᵐᵉ note d'un ton Mineur.
1.ᵉʳ Renv.ᵗ	Accord de Sixte Majeure.	de 3.ᵗᵉ Majeure et 6.ᵗᵉ Majeure. DO, MI, LA : SOL, SI, MI.	Sur la 3ᵉᵐᵉ note d'un ton Mineur et la 7ᵉᵐᵉ note d'un ton Mineur, la Gamme descendante.
2ème Renv.ᵗ	Accord de Quarte et Sixte Mineure.	de 4.ᵗᵉ Naturelle et 6.ᵗᵉ Mineure. LA, RÉ, FA : MI, LA, DO.	Sur la note Tonique et la 5.ᵉᵐᵉ note d'un ton Mineur.
	Accord de Septieme de Dominante.	de 3.ᵗᵉ Majeure, 5.ᵗᵉ Naturelle et 7ᵉᵐᵉ SOL, SI, RÉ, FA. MI, SOL, dièse, SI, RÉ.	Sur la 5ᵉᵐᵉ note, Majeure et Mineure, lorsqu'il est suivi de la note Tonique.
1.ᵉʳ Renv.ᵗ	Accord de Quinte Diminuee.	de 3.ᶜᵉ Mineure, 5.ᵗᵉ Diminuée et 6.ᵗᵉ Mineure. SI, RÉ, FA, SOL : SOL dièse, SI, RÉ, MI.	Sur la 7ᵉᵐᵉ note du ton Majeur et Mineur, la Gamme Montante.
2ème Renv.ᵗ	Accord de petite Sixte Majeure.	de 3.ᶜᵉ Mineure, 4.ᵗᵉ Naturelle et 6.ᵗᵉ Majeure. RÉ, FA, SOL, SI : SI, RÉ, MI, SOL dièse.	Sur la 2.ᵈᵉ note du ton, Majeur et Mineur.
3ème Renv.ᵗ	Accord de Quarte Augmentee.	de 2.ᵈᵉ Majeure, 4.ᵗᵉ Augmentée et 6.ᵗᵉ Majeure. FA, SOL, SI, RÉ : RÉ, MI, SOL dièse, SI.	Sur la 4.ᵉᵐᵉ note du ton, la Gamme Descendante, Majeure et Mineure.

	ACCORDS	COMPOSÉ	NOTES DE LA GAMME
	Accord de Septième Majeure.	de 3ce Majeure, 5te Naturelle et 7ème Majeure. DO, MI, SOL, SI : FA, LA, DO, MI.	Sur la 1ère et 4ème note d'un ton Majeur.
1er Renv!	Accord de Quinte et Sixte Mineure.	de 3ce Mineure, 5te Naturelle et 6te Mineure MI, SOL, SI, DO: LA, DO, MI, FA.	Sur la 3ème et la 6ème note d'un ton Majeur.
2ème Renv!	Accord de petite Sixte Majeure.	de 3ce Majeure, 4te Mineure, et 6te Majeure DO, MI, FA, LA: SOL, SI, DO, MI.	Sur la note Tonique et la 5ème note d'un ton Majeur.
3ème Renv!	Accord de Seconde Mineure.	de 2de Mineure, 4te Mineure et 6te Mineure. MI, FA, LA, DO: SI, DO, MI, SOL.	Sur la 3ème et la 7ème note d'un ton Majeur, la Gamme Descendante.
	Accord de Septième Mineure.	de 3ce Mineure, 5te Naturelle et 7ème Mineure. RÉ, FA, LA, DO.	Sur la 2de note d'un ton Majeur.
1er Renv!	Accord de Quinte et Sixte Majeure.	de 3ce Majeure, 5te Naturelle et 6te Majeure. FA, LA, DO, RÉ.	Sur la 4ème note d'un ton Majeur.
2ème Renv!	Accord de petite Sixte Mineure.	de 3ce Mineure, 4te Mineure et 6te Mineure. LA, DO, RÉ, FA.	Sur la 6ème note d'un ton Majeur.
3ème Renv!	Accord de Seconde Majeure.	de 2de Majeure, 4te Mineure et 6te Majeure . DO, RÉ, FA, LA	Sur la note Tonique, la Gamme Descendante.

	ACCORDS.	COMPOSÉ	NOTES DE LA GAMME.
	Accord de Septième Min.re et Quinte Dim.ée	de 3.ce Mineure, 5.te Diminuée et 7ème Mineure SI, RÉ, FA, LA.	Sur la 2.de note d'un ton Mineur.
1.er Renv.t	Accord de Quinte et Sixte Majeure.	de 3.ce Mineure, 5.te Naturelle et 6.te Majeure. RÉ, FA, LA, SI.	Sur la 4ème note d'un ton Mineur.
2.ème Renv.t	Accord de petite Sixte et Quarte Augmentée.	de 3.ce Majeure, 4.te Augmentée et 6.te Majeure FA, LA, SI, RÉ.	Sur la 6ème note d'un ton Mineur.
3.ème Renv.t	Accord de Seconde Majeure.	de 2.de Majeure, 4.te Mineure et 6.te Mineure. LA, SI, RÉ, FA.	Sur la note Tonique d'un ton Mineur, la Gamme Descendante.
	Accord de Septième Diminuée.	de 3.ce Mineure, 5.te Diminuée et 7ème Diminuée. SOL dièse, SI, RÉ, FA.	Sur la note Sensible ou 7ème note d'un ton mineur.
1.er Renv.t	Accord de Quinte Diminuée et Sixte Majeure.	de 3.ce Mineure, 5.te Diminuée et Sixte Majeure. SI, RÉ, FA, SOL dièse.	Sur la 2.de note d'un ton Mineur.
2.ème Renv.t	Accord de Quarte Augmentée et Tierce Mineure.	de 3.ce Mineure, 4.te Augmentée et 6.te Majeure. RÉ, FA, SOL dièse, SI.	Sur la 4.ème note d'un ton Mineur, la Gamme Descendante.
3.ème Renv.t	Accord de Seconde Augmentée.	de 2.de Augmentée, 4.te Majeure et 6.te Majeure. FA, SOL dièse, SI, RÉ.	Sur la 6ème note d'un ton Mineur, la Gamme Descendante.

QUATRIÈME LEÇON.

L'École Française, Italienne et Allemande a sa manière particulière de chiffrer. Pourquoi n'en pas avoir qu'une seule et la moins compliquée possible? puisque partout ce sont les mêmes Accords.

Tout Accord Majeur, devrait être marqué avec le chiffre, précédé d'un Signe majeur +.

Tout Accord Mineur devrait être marqué avec le chiffre seulement.

Tout Accord augmenté devrait être marqué avec le chiffre, suivi d'un Signe majeur +.

Tout Accord diminué, doit rester marqué d'un chiffre barré.

Tout Accord altéré, doit être marqué d'un chiffre, précédé d'un Dièse ou d'un Bécarre.

L'Accord de Septième de Dominante, devrait être marqué avec le chiffre 7 précédé d'un point.

———————

TABLEAU GÉNÉRAL, de tous les Accords primitifs, formés par les Accords fondamentaux, leurs dérivés par renversemens et leurs productions: avec la manière de chiffrer la plus usitée, et une nouvelle manière moins compliquée et plus simple.

MODES, ou Tons.	ACCORDS.	COMPOSÉ	CHIFFRES. Nouvelle manière.
Mode Majeur.	Accord parfait Majeur.	de 3.ce Majeure et 5.te Naturelle.	+ 5
1.er Renv.t	Accord de Sixte Mineure.	de 3.ce Mineure et 6.te Mineure.	6
2.ème Renv.t	Accord de Quarte et Sixte Majeure.	de 4.te Naturelle et 6.te Majeure.	+ 6 4
Mode Mineur.	Accord parfait Mineur.	de 3.ce Mineure et 5.te Naturelle.	5
1.er Renv.t	Accord de Sixte Majeure.	de 3.ce Majeure et 6.te Majeure.	+ 6
2.ème Renv.t	Accord de Quarte et Sixte Mineure.	de 4.te Naturelle et 6.te Mineure.	6 4
Mode Majeur.	Accord de Septième de Dominante.	de 3.ce Majeure, 5.te Naturelle et 7.ème Mineure.	7
1.er Renv.t	Accord de Quinte Diminuée.	de 3.ce Mineure, 5.te Diminuée et 6.te Mineure.	5̸
2.ème Renv.t	Accord de petite Sixte Majeure.	de 3.ce Mineure, 4.te Naturelle et 6.te Majeure.	+ 6
3.ème Renv.t	Accord de Quarte Majeure ou Augmentée.	de 2.de Majeure, 4.te Augmentée et 6.te Majeure.	− 4̸

CHIFFRES Usités.	NOMS DES NOTES par Renversement.	NOMS DES NOTES selon le système de la Basse fondamentale.	NOTES DE LA GAMME où l'on peut employer les Accords.
3, ♮3, ♯3, 5. 8.	DO, MI, SOL.	DO, MI, SOL.	Sur la note **Tonique** ou 1ère note du ton.
♯6, ♭6, ♮6.	MI, SOL, DO.	DO, MI, SOL.	Sur la 3ème note du ton.
6, ♮6, ♯6. 4, 4, 4.	SOL, DO, MI.	DO, MI, SOL.	Sur la 5ème note du ton
3, ♮3, ♯3, 5. 8.	LA, DO, MI.	LA, DO, MI.	Sur la note **Tonique** ou 1ère note du ton.
6, ♮6, ♯6.	DO, MI, LA.	LA, DO, MI.	Sur la 3ème note du ton
6, ♭6, ♮6 4 4 4	MI, LA, DO.	LA, DO, MI.	Sur la 5ème note du ton.
7	SOL, SI, RÉ, FA.	SOL, SI, RÉ, FA.	Sur la 5ème note, la note suivante montant de 4te ou descendant de Quinte.
5	SI, RÉ, FA, SOL.	SOL, SI, RÉ, FA.	Sur la note **Sensible** ou Septième note du ton.
6, ♯6	RÉ, FA, SOL, SI.	SOL, SI, RÉ, FA.	Sur la 2de du ton.
4+, ♯4	FA, SOL, SI, RÉ.	SOL, SI, RÉ, FA	Sur la 4ème note la Gamme Descendante.

MODES, ou Tons	ACCORDS.	COMPOSÉ	CHIFFRES Nouvelle manière.
		L'ACCORD DE SEPTIÈME DE DOMINANTE	
1er Renv!	Accord de Neuvième Mineure en ajoutant la 3ce au dessous.	de 3ce Mineure 5te Naturelle 7ème Mineure et 9ème Mineure.	9.
2ème Renv!	Accord de Onzième Tonique ou 7ème Augmentée en ajoutant la 5te au dessous	de 5te Naturelle 7ème Augmentée 9ème Majeure et 11ème	7 +
Mode Mineur.	Accord de Septième de Dominante.	de 3ce Majeure 5te Naturelle et 7ème Mineure.	. 7
1er Renv!	Accord de Quinte Diminuée.	de 3ce Mineure 5te Diminuée et 6te Mineure.	5.
2ème Renv!	Accord de petite Sixte Majeure.	de 3ce Mineure 4te Naturelle et 6te Majeure.	+ 6
3ème Renv!	Accord de Quarte Majeure ou Augmentée.	de 2de Majeure 4te Augmentée et 6te Majeure.	4 + .
		L'ACCORD DE SEPTIÈME DE DOMINANTE	
1er Renv!	Accord de Quinte Augmentée et Neuvième Majeure en ajoutant la 3ce au dessous.	de 3ce Majeure 5te Augmentée 7ème Majeure et 9ème Majeure.	+9 5 +
2ème Renv!	Accord de Onzième Tonique ou 7ème Augmentée en ajoutant la 5te au dessous.	de 5te Naturelle 7ème Augmentée 9ème Majeure et 11ème	7 +

CHIFFRES Usités.	NOMS DES NOTES par Renversement.	NOMS DES NOTES selon le système de la Basse fondamentale.	NOTES DE LA GAMME ou l'on peut employer les Accords.

PRODUIT ENCORE DEUX ACCORDS EXTRAORDINAIRES.

CHIFFRES Usités.	NOMS DES NOTES par Renversement.	NOMS DES NOTES selon le système de la Basse fondamentale.	NOTES DE LA GAMME ou l'on peut employer les Accords.
9 7		SOL, SI, RÉ, FA, MI.	Sur la 5ème note du ton la Gamme Montante.
7+		SOL, SI, RÉ, FA, [illegible].	Sur la note Tonique ou 1ère note du ton.
7	MI, SOL♯, SI, RÉ.	MI, SOL♯, SI, RÉ.	Sur la 5ème note, la note suivante montant de Quarte ou descendant de Quinte.
♮5.	SOL♯, SI, RÉ, MI.	MI, SOL♯, SI, RÉ.	Sur la note Sensible ou 7ème note du ton.
+6, ♯6.	SI, RÉ, MI, SOL♯.	MI, SOL♯, SI, RÉ.	Sur la 2de note du ton.
+4, ♯4.	RÉ, MI, SOL, SI.	MI, SOL♯, SI, RÉ.	Sur la 4ème note du ton la Gamme Descendante.

PRODUIT ENCORE DEUX ACCORDS EXTRAORDINAIRES.

CHIFFRES Usités.	NOMS DES NOTES par Renversement.	NOMS DES NOTES selon le système de la Basse fondamentale.	NOTES DE LA GAMME ou l'on peut employer les Accords.
♯5, +5.		MI, SOL♯, SI, RÉ, DO.	Sur la 5ème note d'un ton Mineur.
+7, ♯7.		MI, SOL♯, SI, RÉ, LA.	Sur la note Tonique ou 1ère note du ton.

MODES, ou Tons.	ACCORDS	COMPOSÉ	CHIFFRES. Nouvelle manière.
Mode Majeur.	Accord de Septième Majeure.	de 3^{ce} Majeure, 5te Naturelle et 7ème Majeure.	+ 7
1er Renv^t	Accord de Quinte et Sixte Mineure.	de 3^{ce} Mineure, 5te Naturelle et 6te Mineure.	6 5
2eme Renv^t	Accord de petite Sixte Majeure.	de 3^{ce} Majeure, 4te Naturelle et 6te Majeure.	+ 8
3eme Renv^t	Accord de Seconde Mineure.	de 2de Mineure, 4te Naturelle et 6te Mineure.	2

L'ACCORD DE SEPTIÈME MAJEURE,

MODES, ou Tons.	ACCORDS	COMPOSÉ	CHIFFRES. Nouvelle manière.
1er Renv^t	Accord de Neuvième Majeure, en ajoutant la 3^{ce} au dessous.	de 3^{ce} Mineure, 5te Naturelle, 7ème Mineure et 9ème Majeure.	+ 9
2eme Renv^t	Accord de Onzième, en ajoutant la 3te au dessous.	de 5te Diminuée, 7me Mineure 9eme Mineure et 11ème	4 9
Mode Majeur.	Accord de Septième Mineure.	de 3^{ce} Mineure, 5te Naturelle et 7ème Mineure.	7
1er Renv^t	Accord de Quinte et 6te Majeure.	de 3^{ce} Majeure, 5te Naturelle et 6te Majeure.	+ 6 5
2eme Renv^t	Accord de petite Sixte Mineure.	de 3^{ce} Mineure, 4te Naturelle et 6te Mineure.	8

CHIFFRES Usités.	NOMS DES NOTES par Renversement.	NOMS DES NOTES selon le système de la Basse fondamentale.	NOTES DE LA GAMME ou l'on peut employer les Accords.
7 , 7 .	FA, LA, DO, MI.	FA, LA, DO, MI.	Sur la 4ème note du ton.
6 5	LA, DO, MI, FA.	FA, LA, DO, MI.	Sur la 6ème note du ton.
+6, #6	DO, MI, FA, LA.	FA, LA, DO, MI.	Sur la note Tonique ou Huitième note du ton, la Gamme Descendante.
♭2, ♮2	MI, FA, LA, DO.	FA, LA, DO, MI.	Sur la 5ème note du ton, la Gamme Descendante.

RODUIT ENCORE DEUX ACCORDS EXTRAORDINAIRES.

CHIFFRES Usités.	NOMS DES NOTES par Renversement.	NOMS DES NOTES selon le système de la Basse fondamentale.	NOTES DE LA GAMME ou l'on peut employer les Accords.
9 . 9 7		FA, LA, DO, MI, RÉ.	Sur la 2de note du ton, la Gamme Montante.
4 4 9		FA, LA, DO, MI, SI.	Sur la 2de note d'un ton Mineur, la Gamme Montante.
7	RÉ, FA, LA, DO.	RÉ, FA, LA, DO.	Sur la 2de note du ton.
6 5	FA, LA, DO, RÉ.	RÉ, FA, LA, DO.	Sur la 4ème note du ton, la Gamme Montante.
6	LA, DO, RÉ, FA.	RÉ, FA, LA, DO.	Sur la 6ème note du ton.

MODES, ou Tons.	ACCORDS.	COMPOSÉ	CHIFFRES. Nouvelle manière.
3ème Renv!	Accord de Seconde Majeure.	de 2de Majeure, 4te Naturelle et 6te Majeure.	+ 2

L'ACCORD DE SEPTIÈME MINEURE,

MODES, ou Tons.	ACCORDS.	COMPOSÉ	CHIFFRES. Nouvelle manière.
1er Renv!	Accord de Neuvième Mineure, en ajoutant la 3ce au dessous.	de 3ce Mineure, 5te Diminuée, 7ème Mineure et 9ème Mineure.	9
2ème Renv!	Accord de Onzième, en ajoutant la Quinte au dessous.	de 5te Naturelle, 7ème Mineure, 9ème Majeure et 11ème	4 + 9
Mode Mineur.	Accord de Septième Mineure et Quinte Diminuée.	de 3ce Mineure 5te Diminuée et 7ème Mineure.	7 5
1er Renv!	Accord de Quinte et Sixte Majeure.	de 3ce Majeure, 5te Naturelle et 6te Majeure.	+ 6 5
2ème Renv!	Accord de petite Sixte Majeure.	de 3ce Majeure, 4te Majeure et 6te Majeure.	+ 6
3ème Renv!	Accord de Seconde Majeure.	de 2de Majeure, 4te Naturelle et 6te Mineure.	+ 2

L'ACCORD DE SEPTIÈME MINEURE ET QUINTE DIMINUÉE,

MODES, ou Tons.	ACCORDS.	COMPOSÉ	CHIFFRES. Nouvelle manière.
1er Renv!	Accord de Neuvième Majeure, en ajoutant la 3ce au dessous.	de 3ce Majeure, 5te Naturelle, 7ème Mineure et 9ème Majeure.	+ 9

CHIFFRES Usités.	NOMS DES NOTES par Renversement.	NOMS DES NOTES selon le système de la Basse fondamentale.	NOTES DE LA GAMME où l'on peut employer les Accords.
2	DO, RE, FA, LA.	RE, FA, LA, DO.	Sur la note Tonique ou Huitième note du ton, la Gamme Descendante.

RODUIT ENCORE DEUX ACCORDS EXTRAORDINAIRES

CHIFFRES Usités.	NOMS DES NOTES par Renversement.	NOMS DES NOTES selon le système de la Basse fondamentale.	NOTES DE LA GAMME où l'on peut employer les Accords.
♭9 ♮9 7		RE, FA, LA, DO SI.	Sur la 2de note Mineur, la Gamme Montante.
4, 4 9		RE, FA, LA, DO SOL.	Sur la 5ème note du ton, la Gamme Montante.
2	SI, RE, FA, LA.	SI, RE, FA, LA.	Sur la 2de note du ton.
6 5	RE, FA, LA, SI.	SI, RE, FA, LA.	Sur la 4ème note du ton, la Gamme Montante.
+6, ≠6	FA, LA, SI, RE.	SI, RE, FA, LA.	Sur la 6ème note du ton.
2	LA, SI, RE, FA.	SI, RE, FA, LA.	Sur la note Tonique ou Huitième note du ton, la Gamme Descendante.

PRODUIT ENCORE DEUX ACCORDS EXTRAORDINAIRES.

CHIFFRES Usités.	NOMS DES NOTES par Renversement.	NOMS DES NOTES selon le système de la Basse fondamentale.	NOTES DE LA GAMME où l'on peut employer les Accords.
9 9 7		SI, RE, FA, LA SOL.	Sur la 5ème note d'un ton Majeur.

MODES, ou Tons.	ACCORDS.	COMPOSÉ	CHIFFRES. Nouvelle manière.
2ème Renv!	Accord de Onzième, en ajoutant la 3.te au dessous.	de 5.te Naturelle, 7ème Mineure, 9ème Mineure et 11ème	4 9
Mode Mineur.	Accord de Septième Diminuée.	de 3ce Mineure, 5.te Diminuée et 7ème Diminuée.	7
1er Renv!	Accord de Quinte Diminuée et Sixte Majeure.	de 3ce Mineure, 5.te Diminuée et 6.te Majeure.	+ 6 5
2ème Renv!	Accord de Quarte Augmentée et 3ce Mineure.	de 3ce Mineure, 4.te Augmentée et 6.te Majeure.	4 + 3
3ème Renv!	Accord de Seconde Augmentée.	de 2de Augmentée, 4.te Majeure et 6.te Majeure.	2 +

L'ACCORD DE SEPTIÈME DIMINUÉE,

MODES, ou Tons.	ACCORDS.	COMPOSÉ	CHIFFRES. Nouvelle manière.
1.er Renv!	Accord de Neuvième Mineure et 3ce Majeure, en ajoutant la 3ce au dessous.	de 3ce Majeure, 5.te Naturelle 7ème Mineure et 9ème Mineure.	9 + 3
2ème Renv!	Accord de Quinte Augmentée et 11ème en ajoutant la 5.te au dessous.	de 5.te Augmentée, 7ème Majeure, 9ème Majeure et 11ème	4 5
3.me Renv!	Accord de Septième Augmentée et 13ème appelée 7ème Augmentée et 6.te Mineure, en ajoutant la 7ème au dessous.	de 7ème Augmentée, 9ème Majeure, 11ème et 13ème Mineure.	6 7 +

J'ai employé deux manières de chiffrer, parce que je
l'autre : j'ose croire cependant que si ma manière est moins
Amateurs de l'Art.

CHIFFRES Usités.	NOMS DES NOTES par Renversement.	NOMS DES NOTES selon le système de la Basse fondamentale.	NOTES DE LA GAMME ou l'on peut employer les Accords.
4 4 9.		SI, RÉ, FA, LA MI.	Sur la 5ème note d'un ton Majeur.
7.	SOL#, SI, RÉ, FA.	SOL#, SI, RÉ, FA.	Sur la note Sensible ou 7ème note du ton.
#6 5	SI, RÉ, FA, SOL#.	SOL#, SI, RÉ, FA.	Sur la 2de note du ton
4+ ♮3	RÉ, FA, SOL#, SI.	SOL#, SI, RÉ, FA.	Sur la 4ème note du ton, la Gamme Descendante.
2+	FA, SOL#, SI, RÉ.	SOL#, SI, RÉ, FA.	Sur la 6ème note du ton, la Gamme Descendante.

ODUIT ENCORE **DEUX** ACCORDS EXTRAORDINAIRES.

9 #3		SOL#, SI, RÉ, FA MI.	Sur la 5ème note du ton, la Gamme Montante.
4 3+		SOL#, SI, RÉ, FA DO.	Sur la 5ème note du ton, la Gamme Montante.
7 6.		SOL#, SI, RÉ, FA LA.	Sur la note Tonique ou 1ère note du ton.

pas la témérité de penser que la mienne vaut mieux que
able, elle pourra mériter le suffrage des Professeurs et

CINQUIÈME LEÇON.

PRODUCTION DES ACCORDS CONSONNANS ET DISSONANS ET LA MANIÈRE DE LES EMPLOYER.

Mode Majeur. Accord parfait majeur et ses productions ou dérivés par renversemens.

L'Accord parfait majeur, DO, MI, SOL: est composé de 3.e majeure et Quinte naturelle.

Il se chiffre par un 3 précédé d'un signe majeur....+3
On l'emploie sur la 1ere note du ton....................... DO.
La Basse est .... DO.
La Basse fondamentale est la note elle même .... DO.

L'Accord parfait majeur, produit par renversemens deux Accords: savoir l'Accord de Sixte mineure et l'Accord de Quarte et Sixte majeure

Le premier dérivé de l'Accord parfait majeur, MI, SOL, DO: est composé de Tierce mineure et Sixte mineure
Il se chiffre par un Six....................................... 6
On le nomme Accord de Sixte.
On l'emploie sur la 3ème note du ton......................MI.
La Basse est ....MI.
La Basse fondamentale est la 3ème note au dessous........ DO.

Le Second dérivé de l'Accord parfait majeur, SOL, DO, MI. est composé de Quarte naturelle et de Sixte majeure.
Il se chiffre par un 6 précédé d'un signe majeur +6
et d'un 4 ....
On le nomme Accord de Quarte et Sixte.
On l'emploie sur la Dominante ou 5ème note du ton..........SOL.
La Basse est...SOL.
La Basse fondamentale est la Quinte au dessous........ DO.

EXEMPLE.

Exemple selon le système de la Basse fondamentale.

Emploi de l'Accord parfait Majeur, selon le Système de la Basse fondamentale.

Emploi de l'Accord parfait Majeur, suivant la Mélodie, composé sur la Basse.

On peut mettre les notes des parties, à telle distance de la Basse que l'on veut, sans changer l'Accord.

On peut se dispenser aussi de chiffrer toutes notes qui portent l'Accord précédent, en mettant une barre dessus, comme on le verra dans l'exemple de l'emploi de l'Accord parfait mineur.

Mode Mineur.   Accord parfait Mineur et ses productions ou dérivés par renversemens.

L'Accord parfait mineur, LA, DO, MI: est composé de tierce mineure et Quinte naturelle.

Il se chiffre par un 3.. 3
On l'emploie sur la 1ère note du ton............................... LA.
La Basse est.. LA.
La Basse fondamentale est la note elle-même.......... LA.

L'Accord parfait mineur, produit par renversemens, deux Accords: savoir, l'Accord de Sixte majeure et l'Accord de Quarte et Sixte mineure.

———

Le premier dérivé de l'Accord parfait mineur, DO, MI, LA: est composé de 3ce majeure et Sixte majeure.

Il se chiffre d'un 6 précédé d'un signe majeur.......... +6
On le nomme accord de Sixte.
On l'emploie sur la 3ème note du ton........................ DO.
La Basse est.. DO.
La Basse fondamentale est la 3ce au dessous............. LA.

———

Le Second dérivé de l'Accord parfait mineur, MI, LA, DO: est composé de Quarte naturelle et Sixte mineure.

Il se chiffre d'un 4 et d'un 6............ .... $\{\begin{smallmatrix} 6 \\ 4 \end{smallmatrix}$

On le nomme Accord de Quarte et Sixte.
On l'emploie sur la 5ème note du ton........................ MI.
La Basse est.. MI.
La Basse fondamentale est la 5te au dessous............. LA.

EXEMPLE.

Accord parfait Mineur. Accord de 6te Majeure. Accord de 4te et 6te Mineure.

Exemple selon le Système de la Basse fondamentale.

Emploi de l'Accord parfait Mineur.

Emploi de l'Accord parfait Mineur, suivant la Mélodie, composé sur la Basse.

On apprend à connaître, par les exemples de l'emploi des Accords, suivant la Mélodie, les notes qui doivent entrer dans l'Accord.

SIXIÈME LEÇON.

Mode Majeur. ACCORD DE SEPTIÈME DE DOMINANTE OU SEPTIÈME PAR EXCELLENCE, AVEC SES PRODUCTIONS OU DÉRIVÉS PAR RENVERSEMENS.

L'Accord de Septième de Dominante, SOL, SI, RÉ, FA. est composé de Tierce majeure, Quinte naturelle et Septième mineure.

Il se chiffre d'un 7 précédé d'un point.......................7

On l'emploie sur la 5ème note du ton......................SOL.

La Basse est.. SOL.

La Basse fondamentale est la note elle-même.........SOL.

La Dissonance est la 7ème note de l'accord..............FA.

Elle ne se prépare point, mais elle se sauve en descendant d'un degré la note suivante........................MI.

L'Accord de Septième de dominante, produit trois Accords par renversemens: Savoir, l'Accord de Quinte diminuée, l'Accord de petite Sixte majeure et l'Accord de Quarte augmentée.

Le Premier dérivé de l'Accord de Septième de dominante, SI, RÉ, FA, SOL: est composé de Tierce mineure, Quinte diminuée et Sixte mineure.

Il se chiffre d'un 5 barré.............................5̶

On le nomme Accord de Quinte diminuée.

On l'emploie sur la 7ème note du ton.....................SI.

La Basse est..SI.

La Basse fondamentale est la 3ce au dessous..........SOL.

La Dissonance est la Quinte.............................FA.

Elle ne se prépare point, mais elle se sauve en descendant d'un degré la note suivante.....................MI.

Le Second dérivé de l'Accord de Septième de dominante, RÉ, FA, SOL, SI: est composé de Tierce mineure, Quarte naturelle et Sixte majeure.

Il se chiffre d'un 6 barré, précédé d'un signe maj.   +6̶

On le nomme Accord de petite Sixte majeure.

On l'emploie sur la 2.de note du ton.............................RÉ.

La Basse est..RÉ.

La Basse fondamentale est la Quinte au dessous........SOL.

La Dissonance est la 3.^{ce} de l'Accord........................FA.

Elle ne se prépare point, mais elle se sauve en
descendant d'un degré la note suivante.........................MI.

————

Le Troisième dérivé de l'Accord de Septième de do _
minante, FA, SOL, SI, RÉ: est composé de Seconde majeure,
Quarte augmentée et Sixte majeure.

Il se chiffre d'un 4, suivi d'un signe majeur...............4+

On le nomme Accord de 4.te augmentée.

On l'emploie sur la 4.ème note du ton, la Gamme
descendante ....FA.

La Basse est...FA.

La Basse fondamentale est la 7.ème au dessous...........SOL.

La Dissonance est la note qui porte l'Accord...........FA.

Elle ne se prépare point, mais elle se sauve en
descendant d'un degré la note suivante.........................MI.

Les Dissonances et les notes qui les préparent ainsi que
celles qui les sauvent, se distinguent dans les exemples
par une note noire.

EXEMPLE.

Exemple selon le Système de la Basse fondamentale.

Emploi de l'Accord de Septième de Dominante et ses Productions.

L'Accord de Septième de Dominante est sauvé par l'Accord parfait majeur, et la dissonance par la tierce majeure.

L'Accord de Quinte diminuée est sauvé par l'Accord par_ _fait majeur, et la dissonance par la tierce majeure.

On ne double point la note, SI, dans les parties, étant obligé de monter à la note Tonique DO; cela occasionerait deux Octaves de suite avec la Basse SI DO: il est défendu de faire deux Octa_ ves de suite, à moins que cela ne soit pour exprimer quelque trait ou phrases à l'unisson.

L'Accord de petite Sixte majeure, est sauvé par l'Accord de Sixte mineure, et la dissonance par l'Octave.

L'Accord de Quarte augmentée, est sauvé par l'Accord de Sixte mineure, et la dissonance par la note qui porte l'Accord.

On ne double point la note FA dans les parties, étant obli_ gé de descendre à la note MI, cela occasionerait deux Octaves de suite avec la Basse, FA, MI.

Emploi de l'Accord de Septième de dominante, suivant la Mélodie, composé sur la Basse.

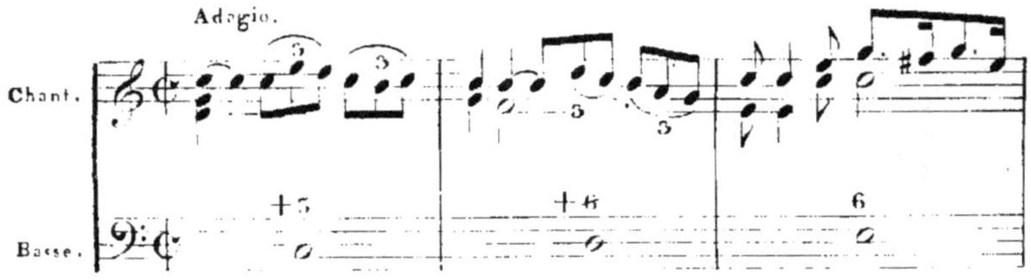

<table>
<tr><td>Mode
Mineur.</td><td>ACCORD DE SEPTIÈME DE DOMINANTE, AVEC SES
PRODUCTIONS OU DÉRIVÉS PAR RENVERSEMENS.</td></tr>
</table>

L'Accord de Septième de Dominante, MI, SOL#, SI, RÉ,
est composé de Tierce majeure, Quinte naturelle et Septième mineure.

Il se chiffre d'un 7, précédé d'un point.................... ·7

On l'emploie sur la 5ème note du ton..................MI·

La Basse est .... MI·

La Basse fondamentale est la note elle—même...... MI·

La Dissonance est la 7ème note de l'Accord............. RÉ.

Elle ne se prépare point, mais elle se sauve en des—
cendant d'un degré la note Suivante..................... DO.

L'Accord de Septième de Dominante, produit par ren—
versemens trois Accords: Savoir, l'Accord de Quinte dimi—
nuée l'Accord de petite Sixte majeure et l'Accord de Quar—
te augmentée.

Le Premier dérivé de l'Accord de Septième de Domi—
nante SOL#, SI RÉ, MI est composé de Tierce mineure,
Quinte diminuée et Sixte mineure.

Il se chiffre d'un 5 barré 5

On le nomme Accord de Quinte diminuée.

On l'emploie sur la 7ème note du ton..................... SOL#

La Basse est .... SOL#

La Basse fondamentale est la 3e au dessous........... MI.

La Dissonance est la Quinte de l'Accord.....................RÉ.

Elle ne se prépare point, mais elle se sauve en descendant d'un degré la note suivante.....................DO.

Le Second dérivé de l'Accord de Septième de Dominante, SI, RÉ, MI, SOL♯ est composé de Tierce mineure, Quarte naturelle et Sixte majeure.

Il se chiffre d'un 6 barré, précédé d'un signe Maj: +6

On le nomme Accord de petite 6te majeure.

On l'emploie sur la 2de note du ton.....................SI.

La Basse est.....................SI.

La Basse fondamentale est la 5te au dessous.....................MI.

La Dissonance est la 3ce de l'Accord.....................RÉ.

Elle ne se prépare point, mais elle se sauve en descendant d'un degré la note Suivante.....................DO.

Le Troisieme dérivé de l'Accord de Septième de Dominante RÉ, MI, SOL♯, SI: est composé de Seconde majeure, Quarte augmentée et Sixte majeure.

Il se chiffre d'un 4 suivi d'un signe majeur.....................+4

On le nomme Accord de 4te augmentée.

On l'emploie sur la 4ème note du ton la gamme descendante.....................RÉ.

La Basse est.....................RÉ.

La Basse fondamentale est la 7ème au dessous.....................MI.

La Dissonance est la note qui porte l'Accord.....................RÉ.

Elle ne se prépare point, mais elle se sauve en descendant d'un degré la note Suivante.....................DO.

EXEMPLE.

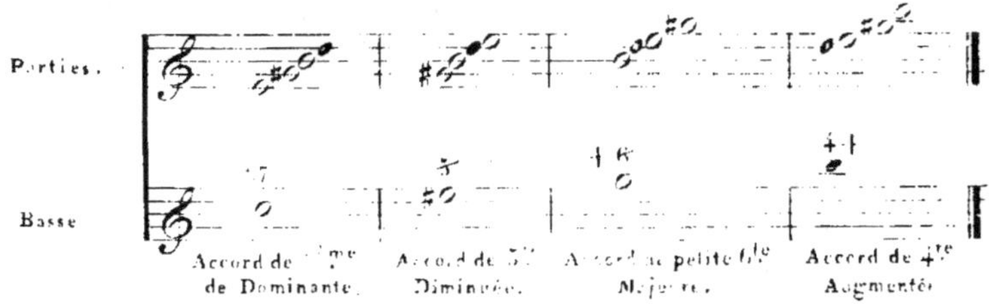

Exemple selon le Système de la Basse fondamentale.

Emploi de l'Accord de Septième de Dominante et ses Productions.

L'Accord de Septième de Dominante, est sauvé par l'Accord parfait mineur et la Dissonance par la tierce mineure.

· L'Accord de Quinte diminuée, est sauvé par l'Accord parfait mineur et la dissonance par la Tierce mineure.

On ne double point la note SOL♯ dans les parties étant obligé de monter à la note Tonique LA, cela occasionerait deux Octaves de suite avec la Basse SOL♯, LA.

L'Accord de petite Sixte majeure, est sauvé par l'Accord de Sixte majeure et la dissonance par la note qui porte l'Accord.

L'Accord de Quarte augmentée, est sauvé par l'Accord de Sixte majeure et la dissonance par la note qui porte l'Accord.

On ne double point la note RÉ dans les parties, étant obligé de descendre la note suivante d'un ton, DO, cela occasionerait deux Octaves de suite avec la Basse RÉ, DO.

Emploi de l'Accord de Septième de Dominante,
selon la Mélodie, composé sur la Basse.

SEPTIÈME LEÇON.

Mode
Majeur.

ACCORD DE SEPTIÈME MAJEURE SUR LA QUATRIÈME
NOTE DU TON, AVEC SES PRODUCTIONS OU DÉRIVÉS
PAR RENVERSEMENS.

L'Accord de Septième majeure FA, LA, DO, MI: est composé de Tierce majeure, Quinte naturelle et Septième Maj.re

Il se chiffre d'un 7 précédé d'un Signe majeur...........+7

On l'emploie sur la 4ème note du ton .... FA

La Basse est.. FA

La Basse fondamentale est la note elle-même........... FA

La Dissonance est la 7ème note de l'Accord............ MI

Elle se prépare par une note semblable à celle qui doit former la 7ème et se sauve en descendant d'un degré la note suivante...RÉ

L'Accord de Septième majeure sur la 4ᵉᵐᵉ note du ton produit par renversemens trois Accords: Savoir l'Accord de Quinte et Sixte mineure, l'Accord de petite 6ᵗᵉ Majᵉ et l'Accord de Seconde mineure.

Le Premier dérivé de l'Accord de Septième majeure, LA, DO, MI, FA : est composé de Tierce mineure, Quinte naturelle et Sixte mineure.

Il se chiffre d'un 5 et d'un 6 .... {⁶₅

On le nomme Accord de 5ᵗᵉ et 6ᵗᵉ mineure.
On l'emploie sur la 6ᵉᵐᵉ note du ton .... LA
La Basse est .... LA.
La Basse fondamentale est la 5ᶜᵉ au dessous .... FA.
La Dissonance est la 5ᵉᵐᵉ note de l'Accord .... MI.
Elle se prépare par une note semblable à celle qui doit former la Quinte et se sauve en descendant d'un degré la note suivante .... RÉ.

Le Second dérivé de l'Accord de Septième majeure, DO, MI, FA, LA : est composé de Tierce majeure, Quarte naturelle et Sixte majeure.

Il se chiffre d'un 6 barré, précédé d'un signe Majᵣ....+ 6̸.
On le nomme Accord de petite Sixte majeure.
On l'emploie sur la note Tonique ou Octave du ton, la Gamme descendante .... DO.
La Basse est .... DO.
La Basse fondamentale est la 5ᵗᵉ au dessous .... FA.
La Dissonance est la 3ᶜᵉ de l'Accord .... MI.
Elle se prépare par une note semblable à celle qui doit former la Tierce, et se sauve en descendant d'un degré la note suivante .... RÉ.

Le Troisième dérivé de l'Accord de Septième majeure, MI, FA, LA, DO : est composé de Seconde mineure, Quarte naturelle et Sixte mineure.

Il se chiffre d'un 2 2

On le nomme Accord de 2de mineure.

On l'emploie sur la 3ème note du ton,

    La Gamme descendante.............................MI.

La Basse est................................ ....MI.

La Basse fondamentale est la 7^{en} au dessous..........FA.

La Dissonance est la note qui porte l'Accord .... MI.

Elle se prépare par une note Semblable à celle qui doit former la Septième et se sauve en descendant d'un degré la note suivante ....RÉ.

EXEMPLE.

Exemple selon le Système de la Basse fondamentale.

Emploi de l'Accord de Septième Majeure.

L'Accord de Septième majeure, est préparé par l'Ac_
cord de Sixte mineure et sauvé par l'Accord de Quinte
et Sixte majeure; la dissonance est préparée par l'Octave
et sauvée par la Sixte Majeure.

Emploi de l'Accord de Quinte et Sixte Mineure.

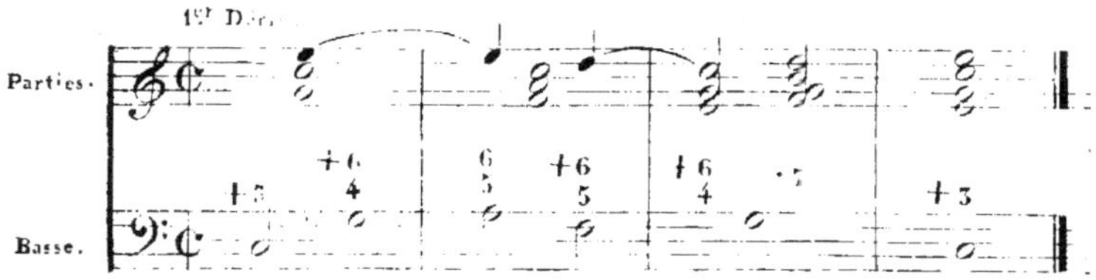

L'Accord de Quinte et Sixte Mineure, est préparé
par l'Accord de 4.te et 6.te Majeure, et sauvé par l'Accord
de 5.te et 6.te Majeure. La dissonance est préparée par la 6.te
Majeure et sauvée par la 6.te Majeure.

Emploi de l'Accord de petite Sixte Majeure.

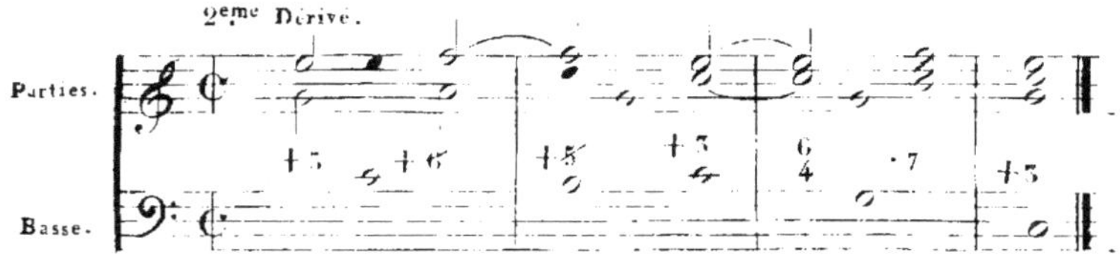

L'Accord de petite Sixte Majeure, est préparé par l'Ac_
cord parfait Majeur et sauvé par l'Accord de 5.te diminuée.
La dissonance est préparée par la 5.ce Majeure et sauvée
par la 5.ce Mineure.

Emploi de l'Accord de Seconde Mineure.

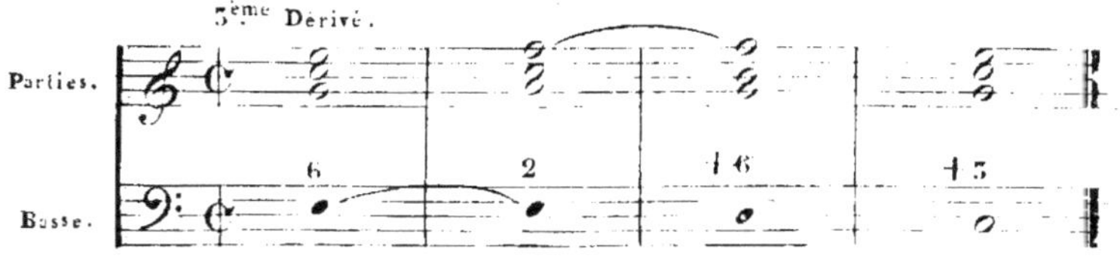

L'Accord de Seconde Mineure est préparé par l'Ac_
cord de 6.te Mineure et sauvé par l'Accord de petite 6.te Ma_

jeure. La dissonance est préparée par la 5eme note du ton et sauvée par la 2de note du ton.

Mode Majeur.

ACCORD DE SEPTIÈME MINEURE SUR LA 2de NOTE DU TON, AVEC SES PRODUCTIONS OU DÉRIVÉS PAR RENVERSEMENS.

L'Accord de Septième Mineure, RÉ, FA, LA, DO: est composé de Tierce Mineure, Quinte Naturelle et Septième Mineure.

Il se chiffre d'un 7 7
On l'emploie sur la 2de note du ton .... RÉ.
La Basse est .... RÉ.
La Basse fondamentale .... RÉ.
La Dissonance est la 7eme note de l'Accord .... DO.

Elle se prépare par une note semblable à celle qui doit former la Septième et se sauve en descendant d'un degré la note suivante .... SI.

L'Accord de Septième Mineure sur la Seconde note du ton, produit par renversemens trois Accords Savoir l'Accord de Quinte et Sixte majeure, l'Accord de petite Sixte Mineure et l'Accord de Seconde Majeure.

Le Premier dérivé de l'Accord de Septième Mineure, FA, LA, DO, RÉ: est composé de Tierce Majeure, Quinte Naturelle et Sixte Majeure.

Il se chiffre d'un 5 et d'un 6 avec un signe Majr.... { +6 / 5
On le nomme Accord de 5te et 6te Majeure.
On l'emploie sur la 4eme note du ton .... FA.
La Basse est .... FA.
La Basse fondamentale est la 5^{ce} au dessous .... RÉ.
La Dissonance est la 5te de la note qui porte l'Acc^d .... DO.

Elle se prépare par une note semblable à celle qui doit former la Quinte, et se sauve en descendant d'un degré la note suivante .... SI.

Le Second dérivé de l'Accord de Septième Mineure, LA, DO, RÉ, FA: est composé de Tierce Mineure, Quarte Naturelle et petite Sixte Mineure.

EXEMPLE.

Emploi de l'Accord de Seconde Majeure.

L'Accord de Seconde Majeure est préparé dans la Basse, par l'Accord parfait majeur et sauvé par l'Accord de 5.te diminuée; la dissonance est préparée par la note Tonique et sauvée par la Septième note du ton.

Mode
Mineur.

ACCORD DE SEPTIÈME MINEURE ET QUINTE DIMINUÉE SUR LA SECONDE NOTE DU TON, AVEC SES PRODUCTIONS OU DÉRIVÉS PAR RENVERSEMENS.

L'Accord de Septième mineure et Quinte diminuée, SI, RÉ, FA, LA est composé de Tierce mineure, Quinte diminuée et Septième mineure.

Il se chiffre d'un 7 et d'un 5 barré.................{ 7 / 5̸

On l'emploie sur la 2.de note du ton.   SI.

La Basse est...SI.

La Basse fondamentale..SI.

La dissonance est la 7.me note de l'Accord........LA.

Elle se prépare par une note semblable à celle qui doit former la 7.me et se sauve en descendant d'un degré la note suivante.. SOL.

L'Accord de Septième mineure et Quinte diminuée sur la 2.de note du ton, produit par renversemens trois Accords: savoir, l'Accord de Quinte et Sixte majeure, l'Accord de petite Sixte majeure et l'Accord de 2.de majeure.

·Le Premier dérivé de la Septième mineure et Quinte diminuée, RÉ, FA, LA, SI ; est composé de Tierce mineure, Quinte naturelle et Sixte majeure.

Il se chiffre d'un 5 et d'un 6 précédé d'un
Signe majeur........................ $\{ \begin{matrix} +6 \\ 5 \end{matrix}$

On le nomme Accord de 5.te et 6.te Majeure.

On l'emploie sur la 4.ème note du ton..................RÉ.

La Basse est..................................... RÉ.

La Basse fondamentale est la 5.ce au dessous.......... SI.

La dissonance est la 5.te de l'Accord.................. LA.

Elle se prépare par une note semblable à celle qui doit former la 5.te et se sauve en descendant d'un degré la note suivante.. SOL♯

___

Le Second dérivé de la Septième mineure et Quinte diminuée, FA, LA, SI, RÉ, est composé de Tierce majeure, Quarte majeure et Sixte majeure.

Il se chiffre d'un 6 barré, précédé d'un
Signe majeur........................+6.

On le nomme Accord de petite 6.te majeure.

On l'emploie sur la 6.ème note du ton...............FA.

La Basse est.. FA.

La Basse fondamentale est la 5.te au dessous.......... SI.

La dissonance est la 3.ce de l'Accord.................. LA.

Elle se prépare par une note semblable à celle qui doit former la 3.ce et se sauve en descendant d'un degré la note suivante.. SOL♯

___

Le Troisième dérivé de la Septième mineure et Quinte diminuée, LA, SI, RÉ, FA ; est composé de Seconde majeure, Quarte naturelle et Sixte mineure.

Il se chiffre d'un 2 précédé d'un signe majeur.......+2.

On le nomme Accord de 2.de majeure.

On l'emploie sur la note Tonique, la Gamme
descendante............. LA.

La Basse est... LA.

La Basse fondamentale est la 7.ème au dessous...........SI.

La dissonance est la note qui porte l'Accord..........LA.

Il se chiffre d'un 6 barré...6

On le nomme Accord de petite 6.te Mineure.

On l'emploie sur la 6ème note du ton..........................LA.

La Basse est..LA.

La Basse fondamentale est la 5.te au dessous.............RÉ.

La Dissonance est la 3.ce de la note qui porte l'Acc.d.... DO.

Elle se prépare par une note plus basse d'un degré que celle qui doit former la 3.ce et se sauve en descendant d'un degré la note suivante.......................................SI.

Le Troisième dérivé de l'Accord de Septième Mineure, DO, RÉ, FA, LA: est composé de Seconde Majeure, Quarte Naturelle et Sixte Majeure.

Il se chiffre d'un 2 précédé d'un signe Majeur.........+2.

On le nomme Accord de 2.de Majeure.

On l'emploie sur la note Tonique, la Gamme descendante...DO.

La Basse est..DO.

La Basse fondamentale est la 7ème au dessous..........RÉ.

La Dissonance est la note qui porte l'Accord............DO.

Elle se prépare par une note semblable à celle qui doit former la dissonance et se sauve en descendant d'un degré la note suivante.......................................SI.

EXEMPLE.

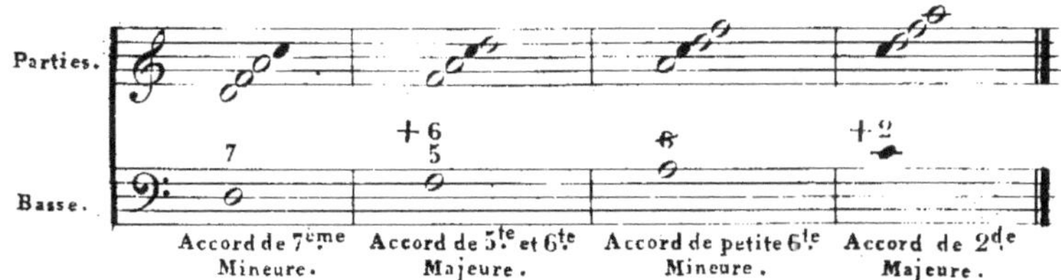

Exemple selon le Système de la Basse fondamentale.

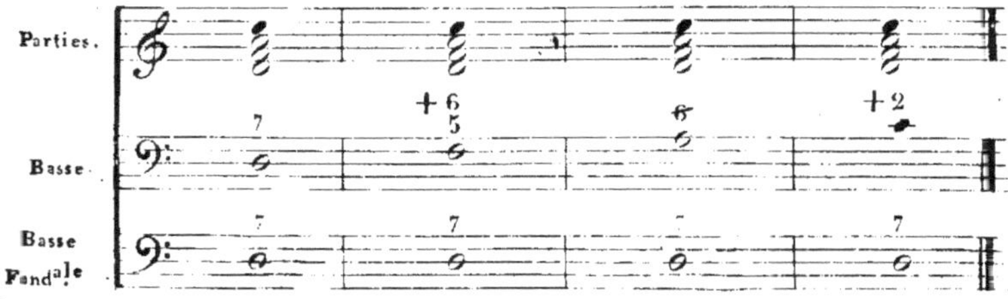

Emploi de l'Accord de Septième Mineure.

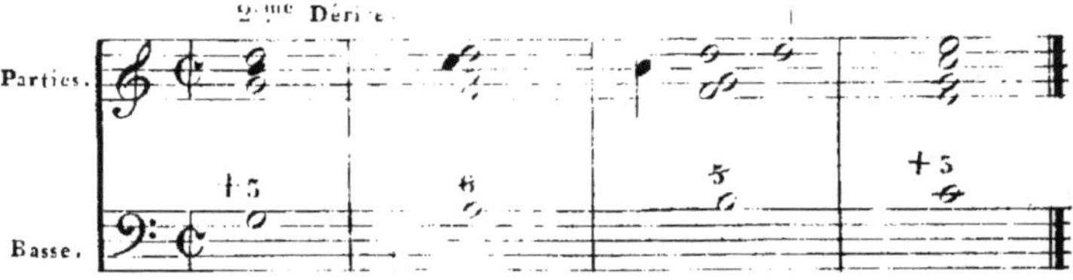

L'Accord de Septième Mineure, est préparé par l'Accord parfait majeur et sauvé par l'Accord de Septième de Dominante; la dissonance est préparée par l'Octave et sauvée par la 3.ce majeure.

Emploi de l'Accord de Quinte et Sixte Majeure.

L'Accord de Quinte et 6.te est préparé par l'Accord parfait majeur et sauvé par l'Accord de 4.te et 6.te; la dissonance est préparée par l'Octave et sauvée dans la 4.ème mesure par la 3.ce majeure.

Emploi de l'Accord de petite Sixte Mineure.

L'Accord de petite 6.te Mineure, est préparé par l'Accord parfait majeur et sauvé par l'Accord de 5.te diminuée; la dissonance est préparée par la 3.ce majeure et sauvée par l'Octave.

Selon l'école Italienne, on supprime la 4.te elle devient 6.te mineure simplement, dès-lors la dissonance n'existe plus.

HUITIÈME LEÇON.

ACCORDS DISSONANS.

M de
M. rcar. Accord de Septième diminuée sur la Note Sensible ou Septième note du ton avec ses productions ou dérivés par renversemens. Cet Accord ne s'emploie que dans les tons mineurs.

L'Accord de Septième diminuée, SOL♯, SI, RÉ, FA ; est composé de tierce mineure, Quinte diminuée et Septième diminuée.

Il se chiffre d'un 7 barré..................................7

On l'emploie sur la Note Sensible ou 7ème note du ton......................... SOL♯

La Basse est... SOL♯

La Basse fondamentale.................................. SOL♯

La Dissonance est la 7ème au dessus de la note qui porte l'Accord.................................... FA.

Elle se prépare par une note d'un degré plus bas que celle qui forme la dissonance et se sauve de même....... MI.

L'Accord de Septième diminuée, produit par renversemens trois Accords ; savoir, l'Accord de Quinte diminuée et Sixte majeure, l'Accord de Quarte majeure ou augmentée et 3ce mineure, et l'Accord de 2de augmentée.

Le Premier dérivé de la Septième diminuée, SI, RÉ, FA, SOL♯ est composé de tierce mineure, Quinte diminuée et Sixte majeure.

Il se chiffre d'un 5 barré et d'un 6 précédé d'un Signe majeur............... ⎰+6 ⎱ 5̶

On le nomme Accord de 5te diminuée et 6te Majre

On l'emploie sur la 2de note d'un ton mineur........... SI.

La Basse est... SI.

La Basse fondamentale est la 3ce au dessous........... SOL

La Dissonance est la 5te de la note qui porte l'Accd... FA

Elle se prépare par une note d'un degré plus bas que celle qui forme la dissonance et se sauve de même....... MI

On peut bien aussi se dispenser de la préparer.

Le Second dérivé de la Septième diminuée RÉ, FA, SOL# SI: est composé de Tierce mineure, Quarte augmentée et Sixte majeure.

Il se chiffre d'un 4 suivi d'un signe Majeur et d'un 5 .... $\begin{cases}4+\\5\end{cases}$

On le nomme Accord de 4.te augmentée et 3.ce Mineure.

On l'emploie sur la 4.me note d'un ton mineur la Gamme descendante .... RÉ

La Basse est .... RÉ

La Basse fondamentale est la 3.te au dessous .... SOL#

La Dissonance est la 5.ce de la note qui porte l'Accord .... FA

Elle se prépare par une note d'un degré plus bas que celle qui forme la dissonance et se sauve de même... MI

On peut bien aussi se dispenser de la préparer.

——————

Le Troisième dérivé de la Septième diminuée FA, SOL# SI, RÉ: est composé de Seconde augmentée, Quarte augmentée et Sixte majeure.

Il se chiffre d'un 2 suivi d'un signe majeur .... 2+

On le nomme Accord de 2.de augmentée.

On l'emploie sur la 6.ème note d'un ton mineur la Gamme descendante .... FA

La Basse est .... FA

La Basse fondamentale est la 7.ème au dessous .... SOL#

La Dissonance est la note qui porte l'Accord .... FA

Elle se sauve en descendant d'un degré la note qui suit la dissonance.

EXEMPLE.

Elle se prépare par une note semblable à celle qui doit former la dissonance et se sauve en descendant d'un degré la note suivante.......................... SOL⁵.

EXEMPLE.

Exemple selon le Système de la Basse fondamentale.

Emploi de l'Accord de Septième Mineure et Quinte Diminuée.

L'Accord de Septième mineure et Quinte diminuée, est préparé par l'Accord parfait mineur et sauvé par l'Accord de petite Sixte majeure: la dissonance est préparée par l'Octave et sauvée par la Sixte majeur.

Emploi de l'Accord de Quinte et Sixte Majeure.

L'Accord de Quinte et Sixte majeure, est préparé par l'Accord parfait mineur et sauvé par l'Accord de Quarte et Sixte mineure; la dissonance est préparée par l'Octave et sauvée par la Quarte naturelle.

Emploi de l'Accord de petite Sixte Majeure.

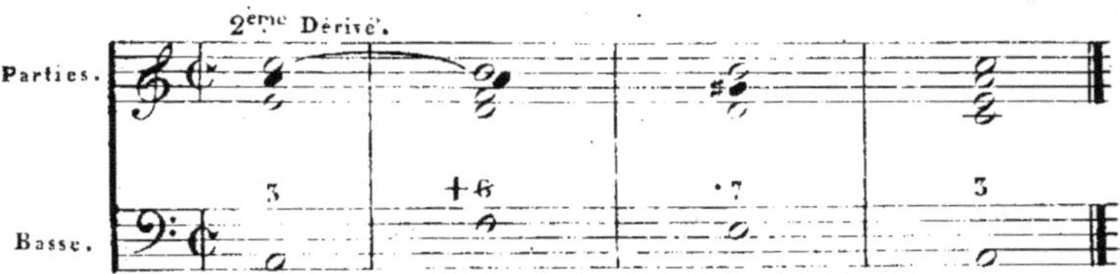

L'Accord de petite Sixte Majeure, est préparé par l'Accord parfait mineur et sauvé par l'Accord de Septième de dominante: la dissonance est préparée par l'Octave et sauvée par la Tierce majeure.

La note **mi** n'est point doublée dans la 3ème mesure à cause des deux Octaves de suite qui se rencontreraient avec la Basse.

Emploi de l'Accord de Seconde Majeure.

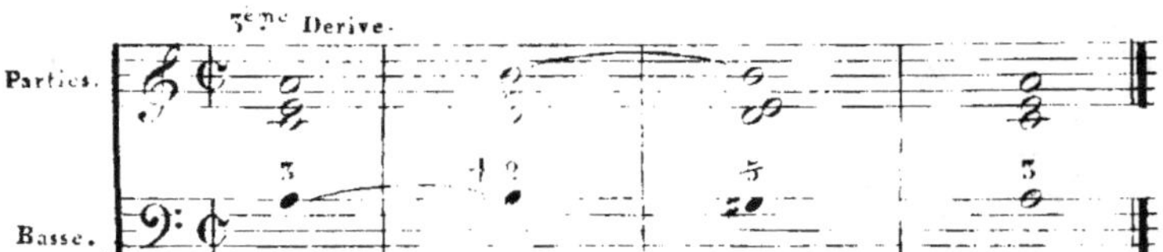

L'Accord de 2de Majeure, est préparé par l'Accord parfait mineur et sauvé par l'Accord de 5te diminuée la dissonance est préparée par la note Tonique et sauvée par la 7ème note du ton.

Exemple selon le Système de la Basse fondamentale.

Emploi de la Septième diminuée avec ses Productions.

L'Accord de Septième diminuée, est préparé par l'Accord parfait mineur et sauvé de même : la dissonance est préparée et sauvée par la Quinte naturelle.

L'Accord de Quinte diminuée et Sixte majeure, est préparé par l'Accord parfait mineur et sauvé par l'Accord de Sixte majeure : la dissonance est préparée par la Quinte et sauvée par la Tierce majeure.

L'Accord de Quarte augmentée et Tierce mineure, est préparé et sauvé par l'Accord de Sixte majeure : la dissonance est préparée et sauvée par la Tierce majeure.

On ne double point la note RÉ, dans les parties, cela occasionerait deux Octaves de suite avec la Basse, RÉ, DO.

L'Accord de Seconde augmentée est sauvé par l'Accord de Quarte et Sixte mineure : la dissonance est sauvée par la note qui porte l'Accord.

On ne double point la note FA, dans les parties, cela occasionerait deux Octaves de suite avec la Basse, FA, MI.

On fait la Gamme mineure des anciens, avec trois Ac_
cords: l'Accord parfait, l'Accord de Quinte et Sixte et
celui de Septième diminuée.

EXEMPLE.

Gamme mineure des Anciens, avec la Septième dimi_
nuée et ses Productions

Gamme Mineure des Modernes, avec la Septième di_
minuée et ses Productions.

NEUVIÈME LEÇON.

ACCORDS DISSONANS EXTRAORDINAIRES.

L'Accord de Neuvième, est produit d'un Accord de Septième Majeure ou Mineure, en ajoutant une Tierce au dessous; il est composé de Tierce, Quinte, Septième et Neuvième.

Il se chiffre d'un 9...9.

La Basse fondamentale est la Tierce au dessus de la Basse.

Les Dissonances sont la 7ème et la 9ème

Elles se préparent par une note semblable à celle qui forme chacune de ces dissonances en liant les deux notes et se sauvent en descendant d'un degré la note suivante: on peut les sauver ensemble ou l'une après l'autre, pour_ vu que la Neuvième soit sauvée la première.

La note qui forme la Neuvième, doit toujours être à la distance de Neuf degrés au dessus de la Basse.

ACCORD DE NEUVIÈME MAJEURE.

Mode Majeur.

L'Accord de Neuvième Majeure sur la Quatrième note du ton, est produit de l'Accord de Septième mineure LA, DO, MI, SOL; en ajoutant une Tierce au dessous, FA; il est composé de Tierce majeure, Quinte naturelle, Sep_ tième majeure et Neuvième majeure.

Il se chiffre d'un 9, précédé d'un signe Majr........+9

On l'emploie sur la 4ème du ton la Gamme montante..FA.

La Basse est..FA.

La Basse fondamentale est la 5ce au dessus de la Basse..LA.

Les Dissonances sont la 7ème et la 9ème.................{ MI.
                                                          { SOL.

Elles se préparent par une note semblable à celle qui forme chacune de ces dissonances.

La 7ème est préparée par...................................MI.

La 9ème...................par..................................SOL.

Elles se sauvent en descendant d'un degré la note suivante.

La 7ème est sauvée par.. RÉ

La 9ème ....par.. FA

EXEMPLES.

Selon le Systême de la Basse Fond.^{ale}

Emploi de l'Accord de Neuvième Majeure.

L'Accord de Neuvième Majeure, est préparé par
l'Accord de Sixte mineure et sauvé par l'Accord de Quinte et Sixte majeure, la Neuvième est préparée par la 3ce
mineure et sauvée par l'Octave, la Septième est préparée
par l'Octave et sauvée par la Sixte majeure.

- - - - - - -

ACCORD DE NEUVIÈME MINEURE.

- - - -

Mode
Mineur. L'Accord de Neuvième Mineure sur la Seconde note
du ton, est produit de l'Accord de Septième mineure,
RÉ, FA, LA, DO: en ajoutant une Tierce au dessous, SI; il
est composé de Tierce mineure, Quinte diminuée, Septième mineure et Neuvième mineure.

Il se chiffre d'un 9 9

On l'emploie sur la 2de note du ton,

la Gamme montante .... SI

La Basse est.. SI.

La Basse fondamentale est la 3.ᶜᵉ au dessus
de la Basse... RÉ.

Les Dissonances sont la 7ᵉᵐᵉ et la 9ᵉᵐᵉ............... { DO.
{ LA.

Elles se préparent par une note semblable à celle
qui forme chacune de ces dissonances.

La 7ᵉᵐᵉ est préparée par...................... LA.

La 9ᵉᵐᵉ.................... par.................... DO.

Elles se sauvent en descendant d'un degré
la note suivante

La 7ᵉᵐᵉ est sauvée par........................ SOL♯

La 9ᵉᵐᵉ.................... par.................... SI.

On peut les sauver ensemble ou l'une après l'autre,
pourvu que la Neuvième soit sauvée la première.

EXEMPLES.

Selon le Système de la Basse Fond.ᵃˡᵉ

Emploi de l'Accord de Neuvième Mineure.

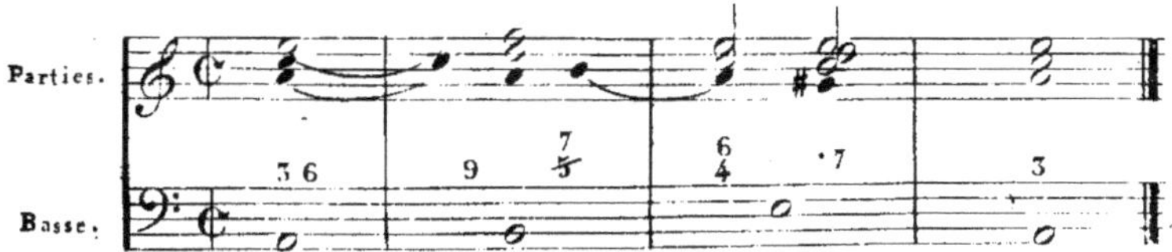

L'Accord de Neuvième mineure, est préparé par l'Accord
parfait mineur et sauvé par la Septième mineure et Quinte
diminuée. La Neuvième est préparée par la Tierce mineure et
sauvée par l'Octave, la Septième est préparée par l'Octave et
sauvée dans la 3ᵉᵐᵉ mesure, par la Tierce majeure.

ACCORD DE QUINTE AUGMENTÉE ET NEUVIÈME
SUR LA TROISIÈME NOTE D'UN TON MINEUR.

Mode Mineur. L'Accord de Quinte augmentée et Neuvième sur la Troisième note du ton, la Gamme montante, est produit de l'Accord de Septième de Dominante, MI, SOL♯, SI, RÉ, en ajoutant une Tierce au dessous, DO: il est composé de Tierce majeure, Quinte augmentée, Septième majeure et Neuvième majeure.

Il se chiffre d'un 5 suivi d'un signe majeur............5+

On l'emploie dans les Tons mineurs sur la 3ème note du ton, la Gamme montante .... DO.

La Basse est... DO.

La Basse fondamentale est la 5ce au dessus de la basse .... MI.

Les Dissonances sont   la Quinte....................... SOL♯

                      la Septième .... SI.

                      la Neuvième..................... RÉ.

Elles se préparent par une note semblable à celle qui forme chacune de ces dissonances.

La Quinte est préparée par........................... SOL♯

La Septième................. par........................ SI.

La Neuvième................. par........................ RÉ.

La Septième et la Neuvième se sauvent en descendant d'un degré la note suivante et la Quinte en montant d'un degré.

La Quinte est sauvée par................................. LA.

La Septième .... par........................... LA.

La Neuvième .... par........................... DO.

EXEMPLES.

Selon le Système de la Basse Fond^{ale}

Emploi de l'Accord de Quinte Augmentée.

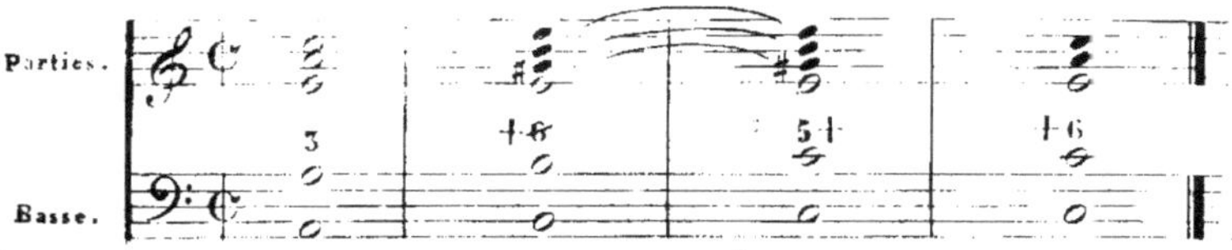

L'Accord de Quinte augmentée est préparé par l'Accord de petite Sixte majeure, et sauvé par l'Accord de Sixte majeure: la Neuvième est préparée par la Tierce mineure et sauvée par l'Octave, la Septième est préparée par l'Octave et sauvée par la Sixte majeure, et la Quinte augmentée est préparée par la Sixte majeure et sauvée par la Sixte majeure.

Emploi de l'Accord de Quinte augmentée, selon l'École Italienne, cet Accord est produit de l'Accord de Onzième.

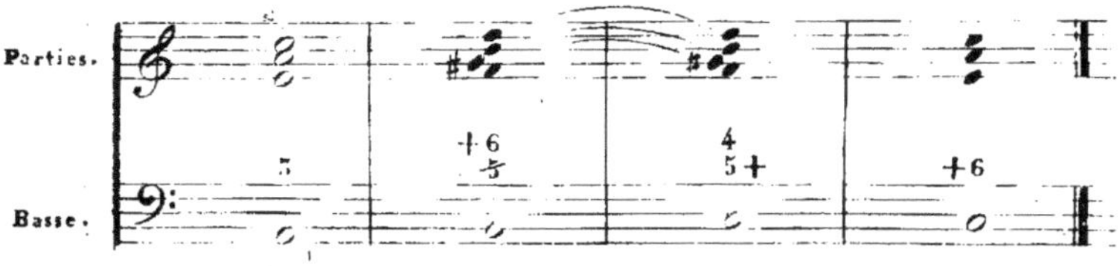

L'Accord de Quinte augmentée est préparé par l'Accord de Quinte diminuée et Sixte majeure et sauvé par l'Accord de Sixte majeure: la Quinte augmentée est préparée par la Sixte majeure, et sauvée par l'Octave, la 7ème est préparée par l'Octave et sauvée par la 6te majeure, la 9ème est préparée par la 3ce mineure et sauvée par l'Octave, la 11ème est préparée par la 5te diminuée et sauvée par la 3ce majeure.

DIXIÈME LEÇON.

ACCORDS DE NEUVIÈMES AVEC DES RETRANCHEMENS POUR EN ÉVITER LA DURETÉ.

Mode Majeur. Accord de Neuvième Majeure sur la note Tonique ou Première note du Ton, avec retranchement de la Septième.

L'Accord de Neuvième majeure sur la note Tonique ou Première note du ton, est produit de l'Accord de Septième mineure, MI, SOL, RÉ, le SI retranché, en ajoutant la Tierce au dessous, DO. il est composé de Tierce majeure, Quinte naturelle et Neuvième majeure.

Il se chiffre d'un 5 et d'un 9 précédé d'un signe majeur......................$\left\{\begin{matrix} +9 \\ 5 \end{matrix}\right.$ ou $\begin{matrix} 2 \\ 5 \end{matrix}$

On l'emploie sur la note Tonique......................DO.

La Basse est......................DO.

La Basse fondamentale est une 5ᶜᵉ au dessus de la Basse......................MI.

La Dissonance est la 9ᵉᵐᵉ......................RÉ.

Elle se prépare par une note semblable à celle qui forme la Neuvième et se sauve en descendant d'un degré la note suivante......................DO.

L'Accord de Neuvième majeure sur la Quatrième note du ton, est produit de l'Accord de Septième mineure, LA, DO, SOL, le MI retranché, en ajoutant la Tierce au dessous, FA : il est composé de Tierce majeure, Quinte naturelle et Neuvième majeure.

Il se chiffre d'un 5 et d'un 9 précédé d'un signe majeur......................$\left\{\begin{matrix} +9 \\ 5 \end{matrix}\right.$ ou $\begin{matrix} 2 \\ 5 \end{matrix}$

On l'emploie sur la 4ᵉᵐᵉ note du ton......................FA.

La Basse est......................FA.

La Basse fondamentale est la 5ᶜᵉ au dessus de la note qui porte l'Accord......................LA.

La Dissonance est la 9ᵉᵐᵉ......................SOL.

Elle se prépare par une note semblable à celle

qui forme la Neuvième et se sauve en descendant d'un degré la note suivante.. FA.

L'Accord de Neuvième majeure sur la Dominante ou 5ᵐᵉ note du Ton, est produit de l'Accord de Septième mineure et Quinte diminuée, SI, RÉ, LA, le FA retranché: en ajoutant la Tierce au dessous, SOL: il est composé de Tierce majeure, Quinte naturelle et Neuvième majeure.

Il se chiffre d'un 5 et d'un 9 précédé d'un signe majeur.. $\left\{ \begin{matrix} +9 \\ 5 \end{matrix} \right.$ ou $\begin{matrix} 2 \\ 5 \end{matrix}$

On l'emploie sur la Dominante........................ SOL.

La Basse est.. SOL.

La Basse fondamentale est la 5ᵉ au dessus de la note qui porte l'Accord................................ SI.

La Dissonance est la 9ᵐᵉ................................ LA.

Elle se prépare par une note semblable à celle qui forme la 9ᵐᵉ et se sauve en descendant d'un degré la note suivante .... SOL.

EXEMPLE.

Exemple de la Neuvième Majeure.

L'Accord de Neuvième Majeure avec retranchement de la 7ᵐᵉ sur la note Tonique, est préparé par l'Accord de Quinte diminuée et sauvé par l'Accord parfait majeur:

la dissonance est préparée par la Tierce mineure et sauvée par l'Octave.

L'Accord de Neuvième majeure avec retranchement de la 7ème sur la Quatrième note du ton, est préparé par l'Accord parfait majeur et sauvé par l'Accord parfait majeur: la dissonance est préparée par la Quinte naturelle et sauvée par l'Octave.

L'Accord de Neuvième majeure avec retranchement de la 7ème sur la Dominante, est préparé et sauvé par l'Accord parfait majeur: la dissonance est préparée par la Tierce majeure et sauvée par l'Octave.

Accord de Neuvième mineure sur la Dominante ou Cinquième note du ton, avec retranchement de la Septième.

Mode Mineur. L'Accord de Neuvième mineure sur la Dominante est produit de l'Accord de Septième diminuée, SOL#, SI, FA, le RÉ retranché, en ajoutant la Tierce au dessous, MI: il est composé de Tierce majeure, Quinte naturelle et Neuvième mineure.

Il se chiffre d'un 5 et d'un 9 .... $\left\{ \begin{array}{cc} 9 & \text{ou} \ \ 2 \\ 5 & 5 \end{array} \right.$

On l'emploie sur la 5ème note du ton.................. MI.

La Basse est.. MI.

La Basse fondamentale est la 3ce au dessus de la Basse .... SOL#.

La Dissonance est la 9ème.......................... FA.

Elle se prépare par une note semblable à celle qui forme la Neuvième et se sauve en descendant d'un degré la note suivante .... MI.

EXEMPLES.

Selon le Système de la Basse Fond^{ale}

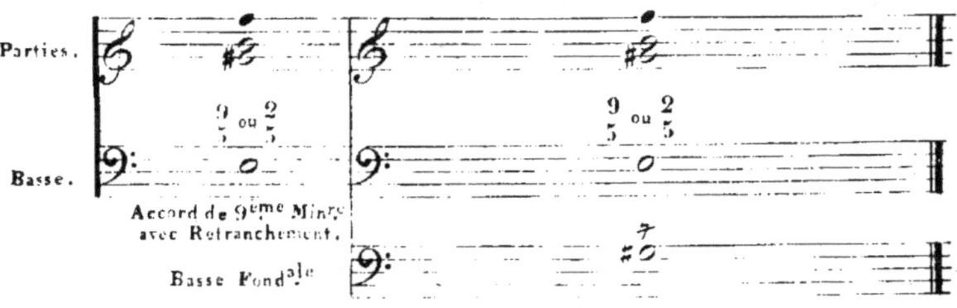

Emploi de la Neuvième Mineure avec Retranchement.

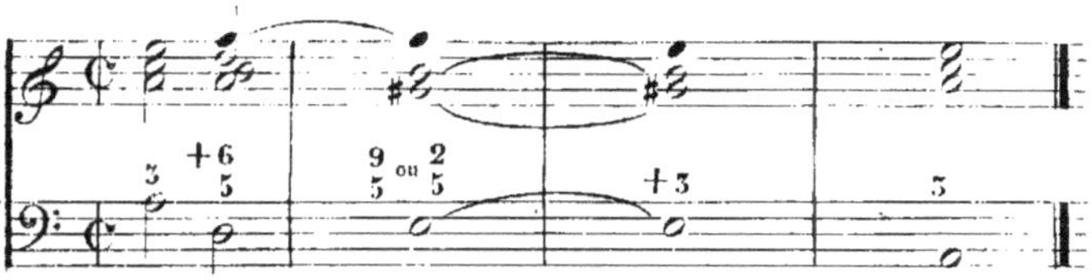

L'Accord de Neuvième mineure avec retranchement sur la Dominante du Ton, est préparé par l'Accord de Quinte et Sixte majeure et sauvé par l' Accord parfait majeur: la Dissonance est préparée par la 3^{ce} Min^{re} et sauvée par l' Octave.

Il y a encore deux autres retranchemens à l' Accord de Neuvième, je prends pour servir de modèle aux autres notes, l'Accord de Neuvième majeure sur la Dominante ou Cinquième note du ton majeur de DO: il est produit de l'Accord de Septième mineure, SI, RÉ, FA, LA, en ajoutant la Tierce au dessous, SOL: le premier retranchement est la Quinte RÉ, en sorte qu'il ne reste plus dans l'Accord que SOL, SI, FA, LA.

Il se chiffre d'un 7 et d'un 9 précédé d'un signe majeur.. $\left\{\begin{matrix}+9 & \text{ou} & 2\\ 7 & & 7\end{matrix}\right.$

Le Second retranchement est la Quinte et la Septième, RÉ, FA, en sorte qu' il ne reste plus dans l'Accord que SOL, SI, LA.

Il se chiffre d'un 3 et d'un 9 précédé d'un signe majeur.. $\left\{\begin{matrix}+9 & \text{ou} & 2\\ 3 & & 3\end{matrix}\right.$

Les Dissonances se préparent et se sauvent comme aux accords de Neuvièmes.

ONZIÈME LEÇON.

ACCORDS DISSONANS EXTRAORDINAIRES.

L'Accord de Onzième est produit de l'Accord de Septième majeure ou mineure en ajoutant une Quinte au dessous; il est composé de 5te, 7ème, 9ème et 11ème On peut l'employer sur plusieurs notes de la Gamme montante et mieux encore avec des retranchemens, à cause de la dureté que l'Accord entraine avec lui.

Il se chiffre d'un 9 et d'un 4.

La Basse est la note qui porte l'Accord.

La Basse fondamentale est la 5te au dessus de la basse.

Les Dissonances sont la 7ème, la 9ème et la 11ème

Elles se préparent par une note semblable à celle qui forme chacune de ces dissonances et se sauvent en descendant d'un degré la note suivante, on ne peut pas sauver ces dissonances ensemble, il en résulte deux 5tes de suite; et elles ne peuvent être tolérées que lorsque la seconde 5te est diminuée. On peut les sauver de deux manières: 1° la 11ème et la 9ème ensemble et ensuite la 7ème 2° la 11ème seule ensuite la 9ème et la 7ème ensemble.

La note qui forme la 11ème doit toujours être à la distance de 11 degrés au dessus de la Basse.

ACCORD DE ONZIÈME SUR LA 2de NOTE DU TON.

Mode Majeur. L'Accord de Onzième sur la Seconde note du ton, est produit de l'Accord de Septième mineure, LA, DO, MI, SOL, en ajoutant la 5te au dessous, RÉ; il est composé de 5te naturelle, 7ème mineure, 9ème majeure et 11ème

Il se chiffre d'un 9 précédé d'un signe majeur et d'un 4.................... $\left\{ \begin{matrix} 4 \\ +9 \end{matrix} \right.$

On l'emploie sur la 2de note du ton.................. RÉ.

La Basse est.................................RÉ.

La Basse fondamentale est la 5te au dessus de la note

qui porte l'Accord...................................... **LA.**

Les Dissonances sont la Septième...................... **DO.**

la Neuvième....................... **MI.**

la Onzième....................... **SOL.**

Elles se préparent le plus souvent par une note semblable à celle qui doit former chacune de ces dissonances.

La Septième est préparée par...................... **DO.**

La Neuvième.................. par...................... **MI.**

La Onzième.................. par...................... **SOL.**

Elles se sauvent en descendant la note suivante d'un
degré.

La Septième se sauve par...................... **SI.**

La Neuvième.................. par...................... **RÉ.**

La Onzième.................. par...................... **FA.**

EXEMPLE

Selon le Système de la Basse Fond^{ale}

Emploi de l'Accord de Onzième

L'Accord de Onzième, est préparé par l'Accord parfait majeur et sauvé par l'Accord de Septième mineure:
la 11ème est préparée par la 5te naturelle et sauvée par la
3^{ce} mineure, la 9ème est préparée par la 5^{ce} majeure et
sauvée par l'Octave, la 7ème est préparée par l'Octave et
sauvée dans la mesure suivante par la 3^{ce} majeure.

L'Accord de Onzième a aussi des retranchemens; et c'est au gout du compositeur à choisir le retranchement qui lui convient, pour éviter la dureté que cet Accord entraine avec lui.

Il y a quatre manières de retranchemens à l'Accord de Onzième: le premier en retranchant la Septième.

Il se chiffre d'un 5, d'un 9 précédé d'un signe majeur et d'un 4...........................$\left\{ {+9 \atop 5} \right.$ ou ${4 \atop 2 \atop 5}$

Le Second en retranchant la Neuvième.
Il se chiffre d'un 5, d'un 7 et d'un 4...........$\left\{ {4 \atop 7 \atop 5} \right.$

Le Troisième, en retranchant la Quinte et la Neuvième.
Il se chiffre d'un 7 et d'un 4.....................$\left\{ {4 \atop 7} \right.$

Le Quatrième en retranchant la 7ème et la 9ème

Il se chiffre d'un 5 et d'un 4.....................$\left\{ {4 \atop 5} \right.$

L'Accord de Onzième avec retranchement sur la Seconde note du ton, RÉ, LA, DO, MI, SOL.

Le Premier, en retranchant la Septième, DO: il est composé de 5te naturelle, 9ème majeure et 11ème

Il se chiffre d'un 5, d'un 9, précédé d'un signe majeur et d'un 4 ....$\left\{ {+9 \atop 5} \right.$ ou ${4 \atop 2 \atop 5}$

Le reste, comme à l'Accord de Onzième complet.

—————

Le Second, en retranchant la Neuvième, MI; il est composé de 5te naturelle, 7ème mineure et 11ème

Il se chiffre d'un 5, d'un 7 et d'un 4...........$\left\{ {4 \atop 7 \atop 5} \right.$

Le reste comme à l'Accord de Onzième complet.

—————

Le Troisième, en retranchant la Quinte et la Neuvième, LA, MI, il est composé de 7ème mineure et 11ème

Il se chiffre d'un 7 et d'un 4 $\left\{ {4 \atop 7} \right.$

Le reste, comme à l'Accord de Onzième complet.

Le Quatrième, en retranchant la Septième et la Neuvième, DO, MI; il est composé de 5te naturelle et 11me

Il se chiffre d'un 5 et d'un 4.....................$\begin{cases} 5 \\ 4 \end{cases}$

On peut le regarder comme un Accord de 4te et 5te

EXEMPLE.

Emploi de l'Accord de Quarte et Quinte avec Neuvième.

On regarde, dans cet exemple, les notes que produisent l'Accord de Quarte et Quinte avec Neuvième, ainsi que l'Accord de 4te et 5te sans 9ème comme des notes de goût.

Les Accords de Quarte et Quinte avec Neuvième et sans Neuvièmes, sont préparés et sauvés comme l'Accord de Onzième complet.

ACCORD DE ONZIÈME SUR LA 2de NOTE DU TON.

Mode Mineur.

L'Accord de Onzième sur la Seconde note du ton, est produit de l'Accord de Septième majeure, FA. LA, DO, MI en ajoutant la 5te au dessous, SI; il est composé de 5te dim...

nuee, 7ème mineure, 9ème mineure et 11ème

Il se chiffre d'un 9 et d'un 4.................... $\begin{cases} 4 \\ 9 \end{cases}$ ou $\begin{cases} 4 \\ 2 \end{cases}$

On l'emploie sur la 2de note du ton.................... SI.

La Basse est.................... SI.

La Basse fondamentale est la Quinte au dessus
de la Basse qui porte l'Accord.................... FA.

Les Dissonances sont la Septième.................... LA.

la Neuvième.................... DO.

la Onzième.................... MI.

Elles se préparent le plus souvent par une note sembla_
ble à celle qui doit former chacune de ces dissonances.

La Septième est préparée par.................... LA.

La Neuvième..................par.................... DO.

La Onzième..................par.................... MI.

La Septième se sauve par.................... SOL$^{#}$

La Neuvième..................par.................... SI.

La Onzième..................par.................... RÉ.

EXEMPLE.

Selon le Système de la Basse Fond^{ale}

Emploi de l'Accord de Onzième.

L'Accord de Onzième est préparé par l'Accord parfait
mineur et sauvé par l'Accord de 7ème mineure et 5te diminu_
ée; la Onzième est préparée par la 5te naturelle et sauvée

par la 5.^{ce} mineure, la Neuvième est préparée par la 5.^{ce} mi_
neure et sauvée par l'Octave, la Septième est préparée
par l'Octave et sauvée dans la mesure suivante par la 3.^{ce}
majeure.

———

L'Accord de Onzième avec retranchemens sur la 2.^{de}
note du ton, SI, FA, LA, DO, MI.

Le Premier en retranchant la Septième, LA; il est com-
posé de 5.te diminuée, 9ème mineure et 11ème

Il se chiffre d'un 5 barré, d'un 9 et d'un 4......$\left\{\begin{matrix}4\\9\\5\end{matrix}\right.$ ou $\begin{matrix}4\\2\\5\end{matrix}$

Le reste comme à l'Accord de Onzième complet.

———

Le Second, en retranchant la Neuvième, DO; il est com-
posé de 5.te diminuée, 7ème mineure et 11ème

Il se chiffre d'un 5 barré, d'un 7 et d'un 4.........$\left\{\begin{matrix}4\\7\\5\end{matrix}\right.$

Le reste, comme à l'Accord de Onzième complet.

———

Le Troisième, en retranchant la Quinte et la Neuviè_
me, FA, DO; il est composé de 7ème mineure et 11ème

Il se chiffre d'un 7 et d'un 4...................... $\left\{\begin{matrix}4\\7\end{matrix}\right.$

Le reste, comme à l'Accord de Onzième complet.

———

Le Quatrième, en retranchant la Septième et la Neu_
vième, LA, DO: il est composé de 5.te diminuée et 11ème

Il se chiffre d'un 5 barré et d'un 4................$\left\{\begin{matrix}4\\5\end{matrix}\right.$

Le reste, comme à l'Accord de Onzième complet.

EXEMPLE.

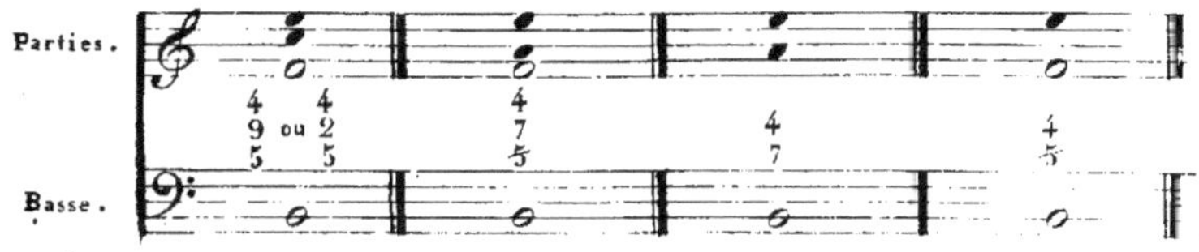

ACCORD DE QUINTE AUGMENTÉE ET ONZIEME SUR LA 3me NOTE DU TON, LA GAMME MONTANTE.

Mode Mineur. L'Accord de Quinte augmentée et Onzième, est produit de l'Accord de Septieme diminuée, SOL♯, SI, RÉ, FA; en a-joutant la 5te au dessous, DO; il est composé de 5te augmentée, 7ème majeure, 9ème majeure et 11ème

Il se chiffre d'un 5 suivi d'un signe majeur
et d'un 4.. $\begin{cases} 4 \\ 5+ \end{cases}$

On l'emploie sur la 3ème note la Gamme
montante...DO.

La Basse est.. DO.

La Basse fondamentale est la Quinte au dessus
de la note qui porte l'Accord.................................SOL♯.

Les Dissonances sont la Quinte......................SOL♯.
        la Septième.................... SI.
        la Neuvième................... RÉ.
        la Onzième.................... FA.

Elles se préparent par une note semblable à celle qui doit former chacune de ces dissonances, excepté la Quinte augmentée qui se prépare par une note d'un degré plus haut.

La Quinte est préparée par................................LA.

La Septième.................par..................................SI.

La Neuvième.................par.................................RÉ.

La Onzième....................par.................................FA.

Elles se sauvent en descendant d'un degré la note suivante, excepté la Quinte augmentée qui se sauve en montant d'un degré la note suivante.

La Quinte est sauvée par....................................LA.

La Septième............. par...................................LA.

La Neuvième............. par...................................DO.

La Onzième............. par....................................MI.

EXEMPLE.

Selon le Système de la Basse Fond.^{ale}

Emploi de l'Accord de Quinte augmentée et Onzième.

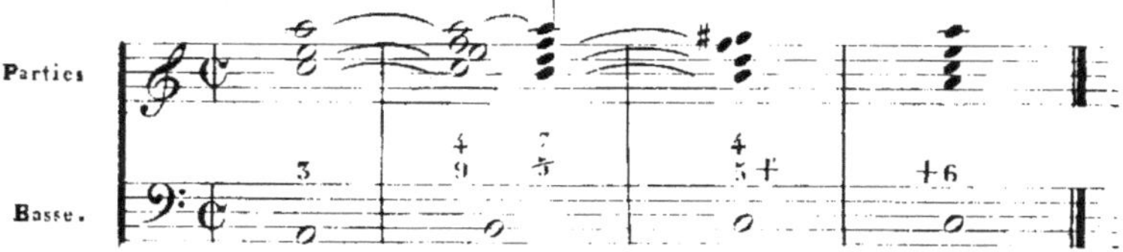

L'Accord de Quinte augmentée et Onzième, est préparé par l'Accord de 7ème mineure et 5te diminuée et sauvé par l'Accord de 6te majeure. La Onzième est préparée par la 5te diminuée et sauvée par la 3^{ce} majeure. La Neuvième est préparée par la 3^{ce} mineure et sauvée par l'Octave. La Septième est préparée par l'Octave et sauvée par la 6te majeure.

DOUZIÈME LEÇON.

ACCORD DE ONZIÈME TONIQUE, APPELÉ SEPTIÈME AUGMENTÉE, SUR LA NOTE TONIQUE OU 1ère NOTE DU TON.

Mode Majeur. L'Accord de Onzième tonique appelé Septième augmentée, est produit de l'Accord de 7ème de Dominante, SOL, SI, RÉ, FA, en ajoutant la 5te au dessous, DO; il est composé de 5te naturelle, 7ème 9ème majeure et 11ème

Il se chiffre d'un 7 suivi d'un signe majeur............7 +

On l'emploie sur la note Tonique....................... DO.

La Basse est..DO.

La Basse fondamentale est la 5te au dessus de la note qui porte l'Accord............................SOL.

Les Dissonances sont la 7.ème......................81.

                 la 9.ème......................RÉ.

                 la 11.ème......................FA.

Elles n'ont pas besoin de préparation, mais elles se sauvent. la 9.ème et la 11.ème se sauvent en descendant d'un degré la note suivante, la 7.ème en montant d'un degré la note suivante.

EXEMPLE.

Selon le Systême de la Basse Fond.^{ale}

Emploi de l'Accord de Onzième Tonique.

Dans la première manière, l'Accord de 11.ème tonique, est préparé et sauvé par l'Accord parfait majeur: la 11.ème est sauvée par la 3.^{ce} majeure, la 9.me et la 7.ème augmentée par l'Octave.

Dans la Seconde manière, l'Accord de 11.ème tonique, est préparé par l'Accord de 7.ème de Dominante et sauvé par l'Accord parfait majeur: la 11.ème est sauvée par la 3.^{ce} majeure, la 9.ème et la 7.ème augmentée par l'Octave.

Emploi de l'Accord de Onzième Tonique et de la Neuvième mineure, selon la Mélodie composée sur la Basse.

Mode Mineur.

L'Accord de Onzième Tonique, appelé Septième augmentée, sur la tonique ou première note du ton, est produit de l'Accord de 7ème de dominante, MI, SOL#, SI, RÉ, en ajoutant la 3te au dessous LA : il est composé de 5te naturelle, 7ème augmentée, 9ème majeure et 11ème.

Il se chiffre d'un 7 suivi d'un signe majeur............7+.

On l'emploie sur la première note du ton...............LA.

La Basse est ....LA.

La Basse fondamentale est la 5te au dessus de la note qui porte l'Accord.......................MI.

Les Dissonances sont la 7ème...................SOL#.

la 9ème.....................SI.

la 11ème..................RÉ.

La 9ème et la 11ème se sauvent en descendant d'un degré la note suivante, la 7ème en montant d'un degré la note suivante.

EXEMPLE.

Selon le Système de la Basse Fond^{ale}

Emploi de l'Accord de Onzième Tonique.

Dans la Première manière, l'Accord de 11ème tonique est préparé et sauvé par l'Accord parfait mineur: la 11ème est sauvée par la 5ce mineure, la 9ème par l'Octave et la 7ème augmentée par l'Octave.

Dans la Seconde manière, l'Accord de 11ème tonique est préparé par l'Accord de 7ème de dominante · et sauvé par l'Accord parfait mineur. la 11ème est sauvée par la 5ce la 9ème par l'Octave et la 7ème augmentée par l'Octave.

Emploi de l'Accord de Onzième tonique et de la Quinte augmentée, selon la mélodie composée sur la Basse.

ACCORD DE TREIZIÈME, APPELÉ SEPTIÈME AUGMENTÉE ET SIXTE MINEURE, SUR LA TONIQUE OU 1ᵗᵉ NOTE DU TON.

Mode
Mineur.

L'Accord de Treizième mineure, appelé 7ᵐᵉ augmentée et 6ᵗᵉ mineure, est produit de l'Accord de 7ᵐᵉ diminuée, SOL♯, SI, RÉ, FA, en ajoutant la 7ᵐᵉ au dessous, LA; il est composé de 7ᵐᵉ augmentée, 9ᵐᵉ majeure 11ᵐᵉ et 13ᵐᵉ Mineure.

Il se chiffre d'un 7 suivi d'un signe majeur

et d'un 6 .... {6 / 7+}

On l'emploie sur la Première note du ton .... LA.

La Basse est .... LA.

La Basse fondamentale est la 7ᵐᵉ au dessus
de la note qui porte l'Accord .... SOL♯.

Les Dissonances sont la 7ᵐᵉ .... SOL♯.

         la 9ᵐᵉ .... SI.

         la 11ᵐᵉ .... RÉ.

         la 13ᵐᵉ .... FA.

Elles n'ont pas besoin de préparation, mais elles se sauvent, la 13ᵐᵉ la 11ᵐᵉ et la 9ᵐᵉ en descendant d'un degré la note suivante, la 7ᵐᵉ en montant d'un degré la note suivante.

EXEMPLE
Selon le Système de la Basse Fondᵃˡᵉ

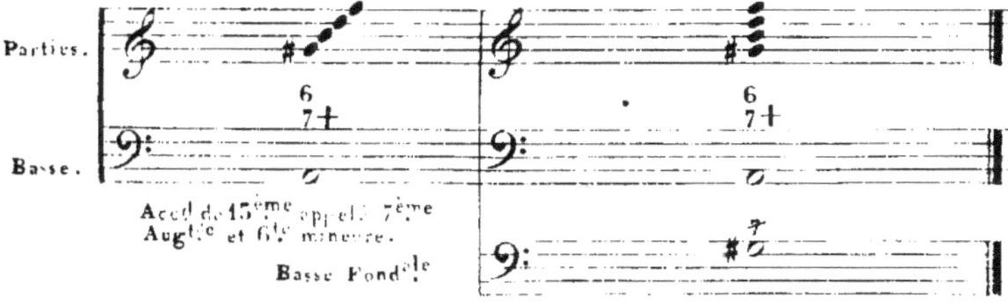

Emploi de l'Accord de Treizième Mⁱⁿᵉ sur la note Tonique.

Première manière.   Seconde manière,
                  Regardée comme notes de gout.

Dans la Première manière, l'Accord de 15ème est prépa-ré et sauvé par l'Accord parfait mineur: la 15ème est sau-vée par la 5te naturelle, la 11ème par la 5te mineure, la 9ème par l'Octave et la 7ème augmentée par l'Octave.

Dans la Seconde manière, l'Accord de 15ème est prépa-ré par la 7ème diminuée et sauvé par l'Accord parfait mi-neur la 15ème est sauvée par la 5te naturelle, la 11ème par la 5te mineure, la 9ème par l'Octave et la 7ème augmentée par l'Octave.

Mode Majeur.

L'Accord de Treizième majeure, est produit de l'Ac-cord de Septième mineure, SI, RÉ, FA, LA, en ajoutant la la 7ème au dessous, DO: il est composé de 7ème majeure, 9ème majeure, 11ème et 15ème majeure.

Il se chiffre d'un 7 et d'un 6 précédé d'un signe majeur.. $\}\begin{array}{l}+6\\7\end{array}$

On l'emploie sur la 1ère note du ton.................. DO.

La Basse est .... DO.

La Basse fondamentale est la 7ème au dessus de la note qui porte l'Accord.

Les Dissonances sont la 7ème.................. SI.

On retranche .... la 9ème.................. RÉ.

la 11ème.................. FA.

la 15ème.................. LA.

La 15ème la 11ème et la 9ème se sauvent en descendant d'un degré la note suivante, la 7ème en montant d'un degré la note suivante.

EXEMPLE.

Selon le Système de la Basse Fondale

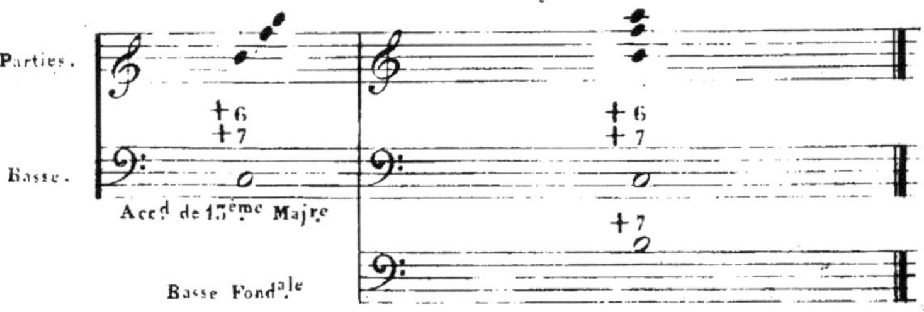

Emploi de l'Accord de Treizième Maj.re sur la note Tonique.

Première manière.

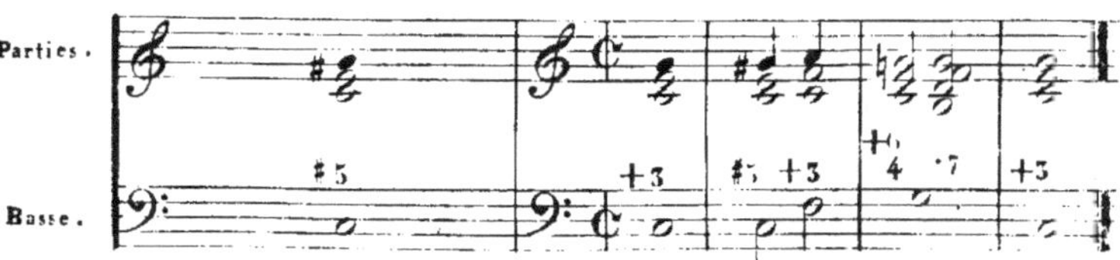

Parties.

Basse.

+3

+6
+7

+3

La Seconde manière est
de même qu'à l'emploi
de la 13.ème mineure.

L'Accord de Treizième majeure est préparé et sauvé par l'Accord parfait majeur: la 13.ème est sauvée par la 5.te naturelle, la 9.ème par la 3.ce majeure, et la 7.me majeure par l'Octave.

TREIZIÈME LEÇON.

ACCORDS ALTÉRÉS.

Mode Majeur. L'Accord parfait Altéré, DO, MI, SOL♯, est composé de Tierce majeure et Quinte augmentée.

Il se chiffre d'un 5 précédé d'un dièse .... ♯5

On l'emploie sur la note Tonique ou première note du ton .... DO.

La Basse est .... DO.

La Basse fondamentale est la même note qui porte l'Accord .... DO.

Cet Accord ne peut être entendu sans être précédé de l'Accord parfait majeur, DO, MI, SOL.

EXEMPLE.

Accord parfait Altere.

Emploi de l'Accord parfait Altéré.

Parties.

Basse.

♯5

+3

♯5   +3

+6
4   7

+3

L'Accord parfait Altéré, est précédé et suivi de l'Accord parfait majeur: la 5.te augmentée est préparée par la 5.te naturelle et sauvée par la 5.te majeure.

ACCORDS DISSONANS ALTÉRÉS.

Mode
Majeur.

L'Accord de Neuvième Altéré, FA, DO, SOL#, avec retranchement de la Tierce et de la Septième, est composé de Quinte naturelle et Neuvième augmentée.

Il se chiffre d'un 5 et d'un 9 précédé d'un dièse .... {#9 ou #9 / 5 / 5}

On l'emploie sur la 4ᵉᵐᵉ note du ton...................... FA.
La Basse est .... FA.
La Basse fondamentale est............................... LA.
La Dissonance est la 9ᵉᵐᵉ............................SOL#

Elle se prépare par une note semblable à celle qui doit former la dissonance, pourvu qu'elle soit Natᵉˡˡᵉ...........SOL.

Elle se sauve en montant d'un degré la note suivante... LA.

EXEMPLE

Accord de 9ᵉᵐᵉ Altéré.   Emploi de l'Accord de 9ᵉᵐᵉ Altéré.

Parties.

Basse.

L'Accord de Neuvième Altéré, est préparé et sauvé par l'Accord parfait majeur: la Neuvième est préparée par la Quinte naturelle et sauvée par la tierce majeure.

SECONDE MANIÈRE D'EMPLOYER L'ACCORD DE 9ᵉᵐᵉ ALTÉRÉ.

L'Accord de Neuvième Altéré, FA, DO, MI, SOL#, avec retranchement de la Tierce: est composé de Quinte naturelle, Septième majeure et Neuvième augmentée.

Il se chiffre d'un 5, d'un 7 précédé d'un signe majeur et d'un 9 précédé d'un dièse.............{#9 ou #2 / +7 / 7 / 5 / 5}

On l'emploie sur la 4ᵉᵐᵉ note du ton......................FA.

La Basse est.. FA.

La Basse fondamentale est .... LA.

Les Dissonances sont la Septième.................. MI.

la Neuvième...................... SOL#

Elles se préparent par une note semblable à celle qui doit former la dissonance.

La Septième est préparée par...................... MI.

La Neuvième.................... par................. SOL#

Elles se sauvent en montant d'un degré la note suivante.

La Septième est sauvée par........................ FA.

La Neuvième.............. par...................... LA.

EXEMPLE

Accord de 9ème Altéré.   Emploi de l'Accord de 9ème Altéré.

L'Accord de Neuvième Altéré, est préparé et sauvé par l'Accord parfait majeur: la 9ème est préparée par la 5te naturelle et sauvée par la 3ce majeure, la 7ème est préparée par la 3ce majeure et sauvée par l'Octave.

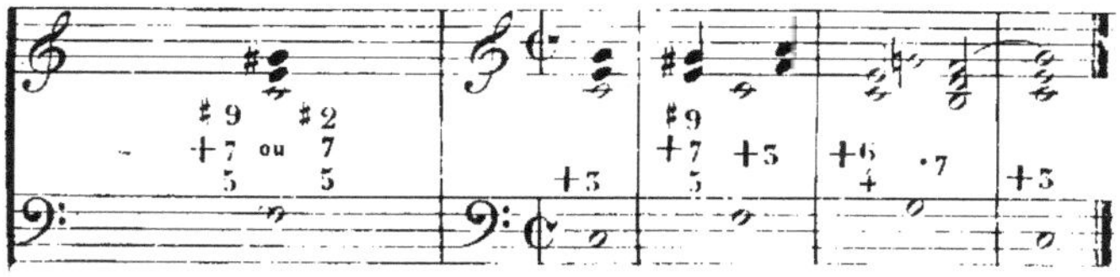

ACCORD DE SIXTE AUGMENTÉE.

Mode Mineur. L'Accord de Sixte augmentée, FA, LA, DO, RÉ#, est composé de Tierce majeure, Quinte naturelle et Sixte augmentée.

Il se chiffre d'un 6 précédé d'un dièse............. #6.

On l'emploie sur la 6ème note du ton,

la Gamme descendante................................ FA.

La Basse est....................................... FA.

La Dissonance est la Sixte......................... RÉ#.

On peut se dispenser de la préparer, mais elle se sauve en montant d'un degré la note suivante.................. MI.

EXEMPLE.

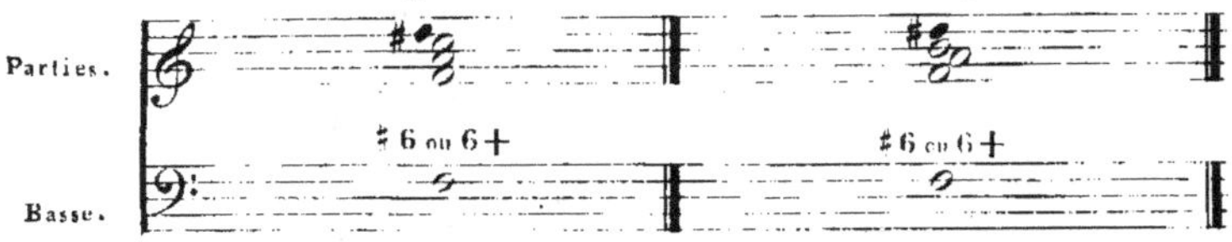

Emploi de l'Accord de Sixte Augmentée.

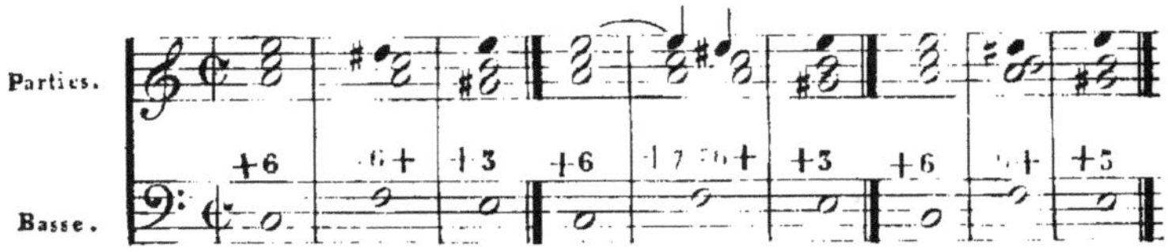

Dans le Premier emploi, l'Accord de Sixte augmentée est précédé de l'Accord de Sixte majeure et suivi de l'Accord parfait majeur: la Sixte augmentée est sauvée par l'Octave.

Dans le Second emploi, l'Accord de Sixte augmentée, est préparé par l'Accord de 7ème majeure et sauvé par l'Accord parfait. la 6.te augmentée est préparée par la 7ème majeure et sauvée par l'Octave.

Dans le Troisième emploi, l'Accord de Sixte augmentée est semblable au premier emploi.

QUATORZIÈME LEÇON.

RÉCAPITULATION DES DIFFÉRENTES MANIÈRES DE PRÉPARER ET SAUVER LES ACCORDS DISSONANS.

Mode Majeur.

La note qui porte l'Accord de Seconde, se prépare ordinairement dans la Basse comme la 7ème se prépare dans la partie supérieure.

La Seconde se sauve de plusieurs manières; la première par la 6.te mineure, la Deuxième par la 5.te diminuée, et la 3ème par la 5.te mineure.

Les deux Premières manières, sont préparées dans la

Basse par la Syncope ou liaison, ce qui est la meilleure manière de préparer cet Accord

La Troisième manière n'est pas préparée dans la Basse, mais la partie supérieure fait une tenue, qui lie l'Accord de Seconde avec la Quinte qui précède.

EXEMPLES.

Dans la Première mesure de la Basse, la dissonance est préparée par DO, et sauvée par SI ; dans la 2de mesure la Seconde est sauvée dans la partie supérieure par SOL.

Dans la Première mesure de la Basse, la dissonance est préparée par DO ; et sauvée par SI : dans la 2de mesure la Seconde est sauvée dans la partie supérieure par FA.

Dans la Basse, la dissonance n'est point préparée, elle est sauvée dans la même mesure par SI : dans la première et Seconde mesure de la partie supérieure, la 2de est préparée et sauvée en restant sur la même note.

La Seconde peut encore se sauver par la 4.te augmentée
et par la petite 6.te majeure : les notes qui forment l'Accord
de 2.de et celles des notes qui le sauvent, font parties du
même Accord fondamental.

EXEMPLE.

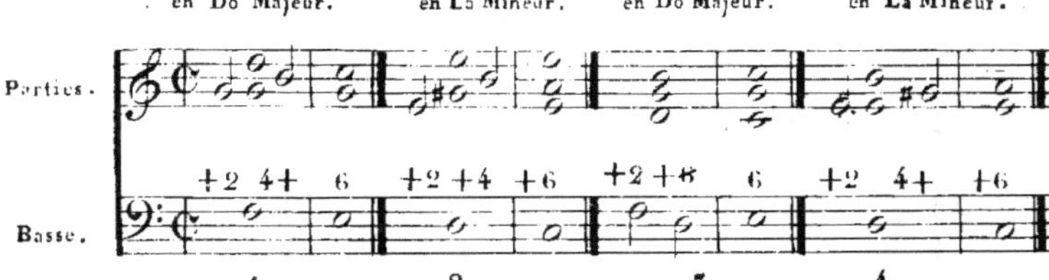

Dans le Premier exemple, la dissonance est sauvée
par MI dans la Basse; et dans la partie supérieure la 2.de
est sauvée par SI.

Dans le Deuxième, la dissonance est sauvée par DO
dans la Basse; et dans la partie supérieure, montant de 5.te
naturelle, la 2.de est sauvée par SI.

Dans le Troisième, la dissonance est sauvée par RÉ
dans la Basse; et dans la partie supérieure, restant sur la
même note, la 2.de est sauvée par SOL.

Dans le Quatrième, la dissonance est sauvée par DO
dans la Basse; et dans la partie supérieure, montant de 3.ce
majeure, la 2.de est sauvée par SOL#.

Emploi de la Seconde sans être préparée.

Mode Majeur.

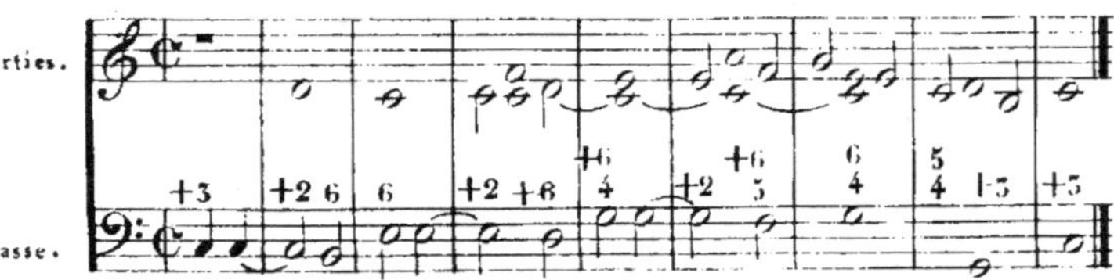

Dans la Seconde mesure, la dissonance est préparée
par DO et sauvée par SI, et dans la partie supérieure, restant sur la même note, la 2.de majeure est sauvée par la
3.ce majeure.

Dans la Quatrième mesure, la dissonance est préparée par MI et sauvée par RÉ; et dans la partie supérieure restant sur la même note, la 2de mineure est sauvée par la 3e mineure.

Dans la Sixième mesure, la dissonance est préparée par SOL et sauvée par FA; et dans la partie supérieure restant sur la même note, la 2de majeure est sauvée par la 3e majeure.

———

On prépare la Quarte de plusieurs manières: la première, en faisant rester une des parties sur une note pendant que l'autre forme l'Accord; la 2de en faisant précéder les deux parties par mouvement contraire, alors l'une des deux parties peut monter ou descendre diatoniquement.

On sauve la Quarte de plusieurs manières: par la 2de, par la 3ce, par la 4te augmentée, par la 5te diminuée, par la 5te naturelle, par la 7ème diminuée et par l'Octave.

EXEMPLES.

Mode Mineur.

Dans la Seconde mesure, la 4te est sauvée par la 2de majeure, en descendant de 3ce la note d'après montant de 4te.

Dans la 1ère et la 2de mesure, la 4te est sauvée par la 5te naturelle en montant d'un degré; dans la Quatrième mesure, elle est sauvée par la 3ce majeure, en descendant d'un degré.

Dans la Première mesure de la 2de partie, la 4te est sauvée par la 5te naturelle, en montant d'un degré; dans la 1ère mesure de la 1ère partie, la 4te est sauvée par l'Octave, en descendant de 4te; dans la 2ème mesure de la 2de partie, la 4te est sauvée par la 5te naturelle, en montant d'un degré; dans la 3ème mesure de la 1ère partie, la 4te est sauvée par la 5te naturelle, en montant d'un degré; et dans la 4ème mesure de la 2de partie, elle est sauvée par l'Octave en descendant de 4te

Dans la Troisième mesure, la 4te est sauvée par la 4te augmentée ou majeure, en descendant d'un degré.

Dans la Troisième mesure, la 4te est sauvée par la 5te diminuée, en montant de 4te, la Basse descendant de 6te

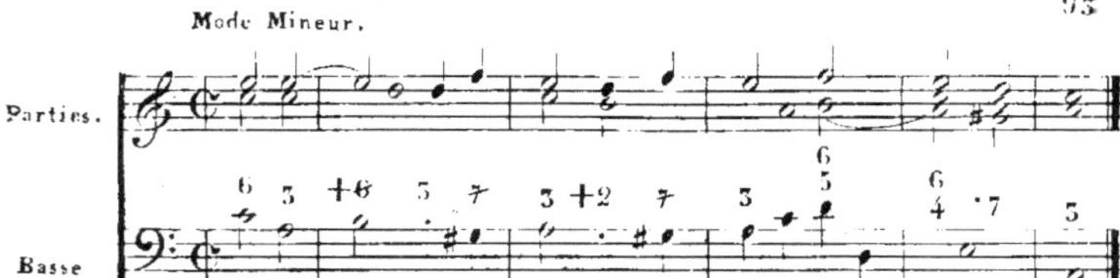

Dans la Seconde mesure, la 4te est sauvée par la 3ce mineure, en descendant d'un degré; dans la Troisième mesure, la 4te est sauvée par la 7ème diminuée, en montant d'une 3ce; dans la Cinquième mesure, elle est sauvée par la 3ce, en descendant d'un degré.

La Quarte majeure, qui est le renversement de la 5te diminuée, n'a pas besoin de préparation, mais elle se sauve de plusieurs manières.

EXEMPLES.

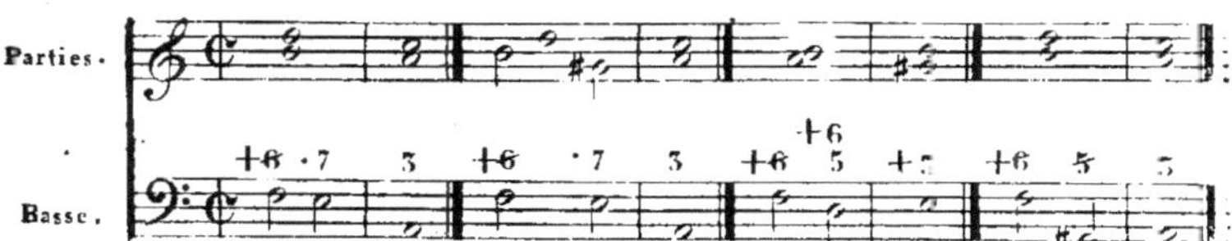

Dans la Première mesure, la 4te majeure est sauvée par la 3te naturelle, la 2de partie restant sur le même degré.

Dans la Troisième mesure, Elle est sauvée par la 3ce majeure la 2de partie descendant de 3ce.

Dans la Cinquième mesure, Elle est sauvée par la 6te majeure, la 1ère partie restant sur le même degré, et la Basse descendant de 3ce.

Dans la Septième mesure, Elle est sauvée par la 3ce mineure la 2de partie restant sur le même degré et la Basse descendant de 7ème.

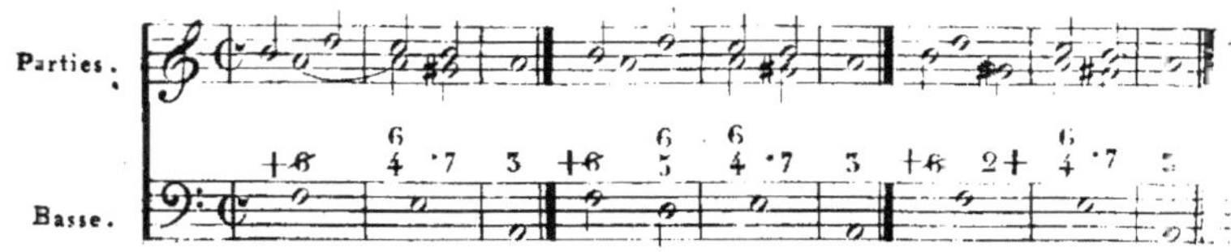

Dans la Première mesure, la 4.te majeure est sauvée par la 6.te majeure, la première partie montant de 3.^{ce}, et la Basse restant sur le même degré.

Dans la Quatrième mesure, Elle est sauvée par l'Octave, la 1.ère partie montant de 3.^{ce} mineure.

Dans la Septième mesure, Elle est sauvée par la 2.de augmentée, la 2.de partie descendant de 3.^{ce} et la Basse restant sur le même degré.

On nomme la 4.te majeure, 4.te augmentée, lorsqu'on l'emploie sur la 4.ème note du ton, la Gamme descendante.

La Quarte augmentée se sauve de plusieurs manières Savoir par la 6.te majeure, par la 6.te mineure, par la 2.de majeure et par l'Octave.

EXEMPLES.

en LA Mineur. en DO Majeur. en RÉ Majeur. en RÉ Mineur.

Parties.

5 +6 4++6 4+ 6 4+ 6 6+ 4+ +6

Basse.

Dans la Seconde mesure, la 4.te augmentée est sauvée par la 6.te majeure, la 1.ère partie montant d'un demi-ton et la Basse descendant d'un degré.

Dans la Troisième mesure, Elle est sauvée par la 6.te majeure, la 1.ère partie restant sur le même degré et la Basse descendant de 3.^{ce}

Dans la Cinquième mesure, Elle est sauvée par la 2.de majeure, la 1.ère partie descendant de 3.^{ce} et la Basse restant sur le même degré ne pouvant rester sur la 2.de majeure, on est forcé de monter de 4.te pour la sauver par la 6.te majeure et la Basse descendant d'un degré.

Dans la Huitième mesure, la 4.te augmentée est sauvée par l'Octave, la 1.ère partie montant d'une 3.^{ce} avec l'intention de descendre la note suivante d'un degré, et la Basse descendant de 3.^{ce}

On peut faire former plusieurs 4.te de suite, par les deux parties, ou par une des deux avec la Basse mais il faut que chacune des Quartes soit accompagnée d'une 6.te formée par une des deux parties et par la Basse.

EXEMPLE.

On peut se dispenser de préparer la Quarte, non seulement lorsqu'elle est formée par les deux parties, mais encore lorsqu'elle est formée par une des parties et par la Basse.

Deux parties peuvent former la Quarte soit en montant, soit en descendant toutes deux par intervalle ou diatoniquement. On appelle procéder diatoniquement, c'est à dire, faire marcher les parties d'un degré à l'autre sans intervalle.

EXEMPLE.

On peut faire de suite autant de 6.tes et de 3.ces qu'on le juge à propos, il ne faut pas cependant en abuser.

On ne peut faire deux 4.tes naturelles de suite avec la Basse, mais, il est permis de faire succéder une 4.te majeure ou augmentée à une 4.te naturelle.

QUINZIÈME LEÇON.

La Quinte diminuée se sauve dans la partie supérieure comme la 7ème, parce que la note qui la forme, est pour l'ordinaire une vraie 7ème sur la Basse fondamentale.

EXEMPLE.

Mode Majeur.

On ne peut faire deux Quintes de suite qu'en descendant, encore faut-il que l'une soit majeure et l'autre diminuée. Voyez l'exemple ci dessus.

Fautes à éviter.

Il ne faut pas faire aussi deux Octaves de suite par un mouvement égal.

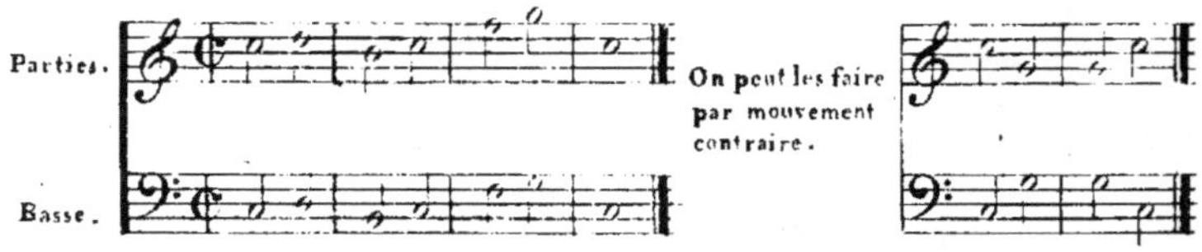

Dans la 1ère mesure de l'exemple de la Quinte diminuée la 5te est préparée par la 5te Natelle et sauvée dans la 2de mesure par la 3ce Majre

Dans la 3ème mesure, Elle est préparée par la 3ce Minre et sauvée dans la 4ème mesure par la 3ce Majre

Dans la 4ème mesure, Elle est préparée par la 3ce Minre et sauvée dans la 5ème mesure par la 3ce Minre, avec l'intention de monter la note suivante d'un degré.

Dans la 4.ème mesure, il y a un DO dans la Basse
qui doit être regardé comme une note de passage et
par conséquent n'étant compté pour rien dans l'harmonie

MANIÈRE DE SAUVER LA QUINTE DIMINUÉE PAR LA QUARTE AUGMENTÉE.

EXEMPLE.

Mode Mineur.

Parties.

Basse.

Dans la 2.de mesure, la 5.te diminuée est sauvée par la
4.te augmentée, la Basse descendant d'un demi-ton Min.^r

On peut encore sauver les Acc.^{ds} dissonans ordinaires
de différentes manières: quand on sauve un de ces Accords (la Basse restant sur la même note) la partie
supérieure peut monter dans les occasions ou la regle
semble ne lui permettre que de descendre, et de descendre dans celles ou elle semble ne lui permettre que
de monter. par exemple, la règle permet à la partie supérieure qui a formé une 5.te diminuée sur la Basse de
descendre de 3.^{ce} cette partie au lieu de descendre de
3.^{ce} peut monter de 6.te

EXEMPLE.

Mode Majeur.

Parties.

Basse.

Dans la 2.de mesure, la 5.te diminuée est sauvée par
la 3.^{ce} la partie supérieure montant de 6.te

Il y a des dissonances que l'on peut se dispenser de préparer, mais il n'y en a aucune qu'on ne doive sauver.

La règle générale est, que la 7ème et toute dissonance qui en derive, doit être sauvée en descendant; excepté la note sensible qui se sauve toujours en montant.

On peut préparer la 7ème de Dominante de plusieurs manières; la 1ère en la faisant précéder d'une note plus basse ou plus haute d'un degré

1er EXEMPLE.

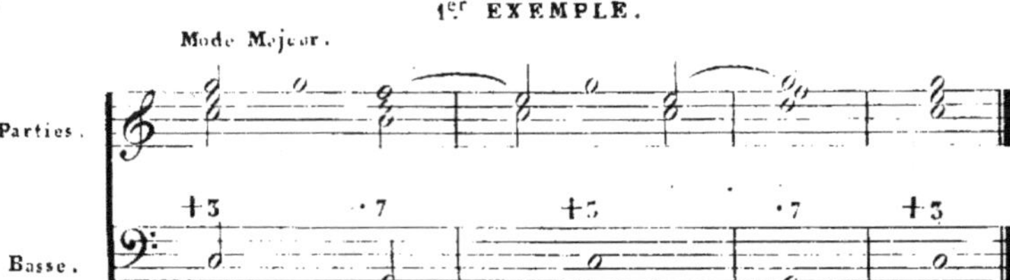

Dans la 1re mesure, la 7ème de dominante est preparée par la 5te Natelle et sauvée dans la 2de mesure par la 3ce majeure.

Dans la 2de mesure, la 7ème de dominante est préparée par la 3ce majeure et sauvée dans la 4ème mesure par la 3ce majeure.

2ème EXEMPLE.

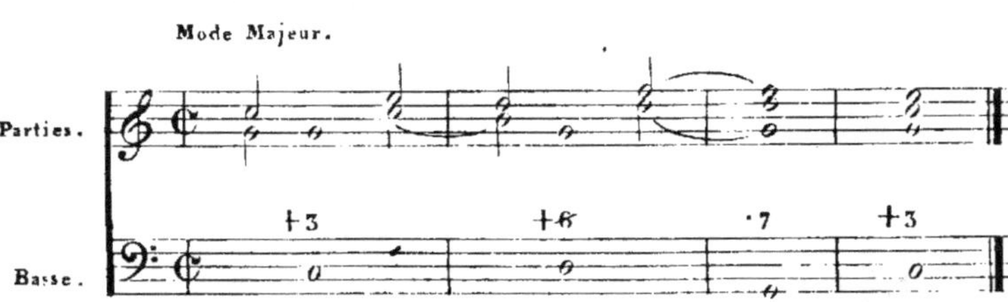

Dans la 2de mesure, la 7ème de dominante est précédée de la 3ce mineure, et sauvée dans la 4ème mesure, par la 3ce majeure.

On peut encore sauver la 7ème de dominante par la 6te majeure, lorsque la Basse reste sur le même degré.

EXEMPLE.

Dans la 1ere mesure, la 7eme Min^re est préparée par l'Octave, et sauvée dans la 3eme mesure par la 5^ce Maj^re; dans la 2de mesure, la 7eme de dominante est précédée de la 3^ce Min^re et sauvée dans la 3eme mesure par la 6te Maj^re, la Basse restant sur le même degré; dans la 4eme mesure, la 5te Nat^elle qui forme 7eme Min^re sur la note de la Bas_se fondamentale, est préparée par la 4e Nat^elle et sauvée dans la 5eme mesure par la 5^ce Maj^re, dans la 5eme mesure, la 7eme de dominante est précédée par l'Octave et sau_vée dans la 6eme mesure par la 5^ce Maj^re

La Septième diminuée ne se prépare point, mais el_le se sauve de plusieurs manières

EXEMPLE.

Dans la 1ère manière, la 7ème Dim^{ee} est sauvée par la 6te Min^{re} la partie supérieure descendant d'un demi_ton et la Basse res_tant sur la même note.

Dans la 2de manière la Septième diminuée est sauvée par la 5te Nat^{lle} la partie supérieure descendant d'un demi_ton et la Basse montant d'un demi_ton.

Dans la 3ème manière, la Septième diminuée est sauvée par la 3^{ce} Min^{re} la partie supérieure descendant de 4te et la Basse montant d'un demi_ton.

Dans la 4ème manière, Elle est sauvée par la 3^{ce} Maj^{re} la partie supérieure descendant d'un demi_ton, et la Basse mon_tant de 4te diminuée.

Dans la 3ème Elle est sauvée par la 5te diminuée la partie supérieure restant sur la même note et la Basse montant de 3^{ce} Min^{re} Mais il faut que la note qui suit la 5te diminuée descende d'un degré.

Dans la 6ème Elle est sauvée par la 3^{ce} mineure, la partie supérieure restant sur la même note et la Basse montant de 5te diminuée; pourvu cependant que la note qui forme la 7ème dimi_nuée soit suivie d'une autre note baissant d'un degré.

Dans la 7ème Elle est sauvée par la 5te diminuée, la partie supérieure descendant de 3^{ce} mineure, et la Basse restant sur la même note.

Dans la 8ème Elle est sauvée par la 3^{ce} mineure, la partie supérieure descendant de 5te diminuée, et la Basse restant sur la même note.

Dans la 9ème Elle est sauvée par la 3^{ce} Min^{re} la partie supérieure descendant de 3^{ce} Min^{re} et la Basse montant de 3^{ce} Min^{re}

La Seconde augmentée peut bien se dispenser de se pré_parer, mais elle se sauve de plusieurs manières, qui repondent à celles de sauver la 7ème diminuée, dont la Seconde augmentée est le renversement. On met la partie supérieure à la partie de Basse, et la Basse à la partie supérieure.

EXEMPLE.

Mode Mineur.

Dans la Première manière, la Seconde augmentée est sauvée par la 3ce majeure, la partie supérieure restant sur la même note, et la Basse descendant d'un demi-ton.

Dans la 2de manière, Elle est sauvée par la 4te Natlle la partie supérieure montant d'un demi-ton, et la Basse descendant d'un demi-ton.

Dans la 3ème manière, Elle est sauvée par la 6te Majre la partie supérieure montant d'un demi-ton, et la Basse descendant de 4te naturelle.

Dans la 4ème Elle est sauvée par la 6te Minre la partie supérieure montant de 4te diminuée et la Basse descendant d'un demi-ton.

Dans la 5ème Elle est sauvée par la 6te Majre la partie supérieure montant de 5te diminuée et la Basse restant sur la même note.

Dans la 6ème Elle est sauvée par la 4te Majre la partie supérieure montant de 3ce mineure et la Basse restant sur la même note.

Dans la 7ᵉᵐᵉ Elle est sauvée par la 4ᵗᵉ Majʳᵉ la par_
tie supérieure restant sur la même note, et la Basse
descendant de 3ᶜᵉ mineure.

Dans la 8ᵉᵐᵉ Elle est sauvée par la 6ᵗᵉ Majʳᵉ la par_
tie supérieure restant sur la même note, et la Basse
descendant de 5ᵗᵉ diminuée.

Dans la 9ᵉᵐᵉ Elle est sauvée par la 6ᵗᵉ Majʳᵉ la par_
tie supérieure montant de 3ᶜᵉ mineure et la Basse des_
cendant de 3ᶜᵉ mineure.

Il faut ajouter à ces différentes manières cet exemple.

EXEMPLE.

Dans la 3ᵉᵐᵉ mesure, la Septième diminuée est sau_
vée par la 6ᵗᵉ Majʳᵉ la partie supérieure descendant de 6ᵗᵉ
Minʳᵉ et la Basse montant de 4ᵗᵉ diminuée.

Dans la 5ᵉᵐᵉ mesure, la Seconde augmentée est sau_
vée par la 3ᶜᵉ mineure, la partie supérieure montant
de 4ᵗᵉ diminuée et la Basse descendant de 6ᵗᵉ mineure.

SEIZIÈME LEÇON.

La Neuvième et la Onzième se préparent dans la
partie supérieure par la liaison, et par une note semblable à celle qui forme la 9ème et la 11ème

La Neuvième se sauve de plusieurs manières; savoir
par la 3ce ou la 6te Elle se sauve toujours en descendant
d'un degré la note suivante, la Basse pouvant rester sur
le même degré ou descendre de 3ce ou monter de 3ce

EXEMPLE.

Dans la 2de mesure, la Neuvième Maje est préparée
par la 3ce Minre et sauvée par la 3ce Minre

Dans la 6ème mesure, la Neuvième Maje est préparée
par la 3ce Maje et sauvée par la 6t. Maje

—————

La Onzième se prépare par une note semblable à
celle qui forme la 11ème et par la liaison; Elle se sauve
en descendant d'un degré la note suivante.

Lorsque la Basse reste sur la même note, la 11ème
se trouve sauvée par la 3ce on peut encore la sauver par
l'Octave en faisant monter la Basse de 3ce La 11ème doit
toujours être onze degrés au dessus de la Basse ou l'une
des Octaves au dessus des onze degrés.

EXEMPLE.

Dans la 1ere mesure, la Onzième est préparée par la 5te Nat^{elle} et sauvée dans la 2de mesure par l'Octave.

Dans la 3ème mesure, La Onzième est préparée par la 5te Nat^{elle} et sauvée par la 3^{ce} mineure.

Observez que dans la Première mesure, l'Octave SOL est retranché dans la partie, à cause des deux 5tes naturelles, SOL et LA qui se rencontreraient avec la Basse, DO, RÉ: et dans la 3ème mesure, l'Octave s'y trouve, parce que dans les deux 5tes de suite avec la Basse, il y a une 5te Nat^{elle} et une 5te diminuée.

Dans les accords de 11^{éme} on regarde quelquefois la 11^{éme} et la 9^{éme} comme des notes de goût. Dans celui de 4te et 5te la 4te peut être regardée aussi comme simple 4te

EXEMPLE.

Dans la 1ere mesure, la Onzième et la Neuvième sont préparées par la 7ème Min^{re} et la 5te Nat^{elle} et sauvées dans la même mesure, par la 3^{ce} Min^{re} et l'Octave.

Dans la 2de mesure, la 11ème et la 9ème sont préparées par la 7ème de dominante et la 5te Nat^{elle} et sauvées dans la même mesure par la 3^{ce} Maj^{re} et l'Octave.

Dans la 3ème mesure, la 4te est préparée par la 5te naturelle, et sauvée dans la 4ème mesure par la 3^{ce} Maj^{re}

La Quinte augmentée faisant partie d'un Accord ou l'on regarde les notes comme étant de goût, on la prépare par la liaison, lorsqu'elle fait partie d'un Accord ordinaire, on est dispensé de la préparer mais la partie supérieure pour aller former la 5te augmentée, doit des_

cendre d'un demi-ton, ou de 3ᶜᵉ Minʳᵉ ou de 5ᵗᵉ diminuée, ou de 7ᵉᵐᵉ diminuée. la Basse doit monter d'un demi-ton pour aller à la note qui doit porter cette dissonance.

La Quinte augmentée se sauve toujours par la 6ᵗᵉ la
partie supérieure montant d'un demi-ton, parce que la
note qui forme la 5ᵗᵉ augmentée est une note sensible,
qui demande naturellement à monter à la note Tonique.

Le 1ᵉʳ Exemple vous démontre l'Accord regardé
comme notes de gout.

Le 2ᵈ exemple, l'Accord ordinaire.

1ᵉʳ EXEMPLE.

Mode Mineur.

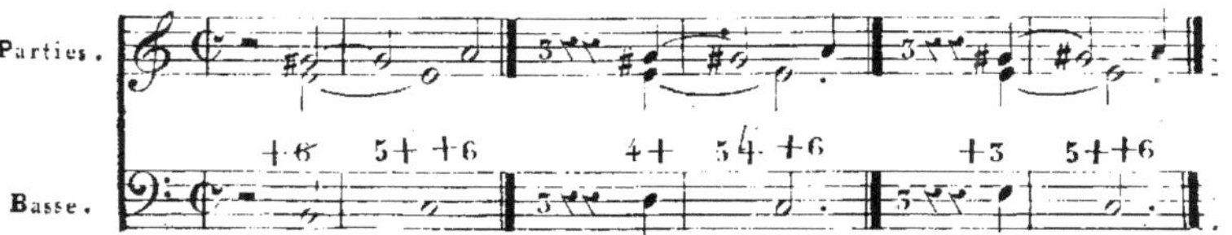

Dans la 2ᵈᵉ mesure, la 5ᵗᵉ augmentée est préparée par
la 6ᵗᵉ Majʳᵉ avec une liaison et sauvée par la 6ᵗᵉ Majʳᵉ

Dans la 4ᵉᵐᵉ mesure, Elle est préparée par la 4ᵗᵉ augmentée avec une liaison, et sauvée par la 6ᵗᵉ Majʳᵉ

Dans la 6ᵉᵐᵉ mesure, Elle est préparée par la 3ᶜᵉ majeure avec une liaison, et sauvée par la 6ᵗᵉ Majʳᵉ

2ᵈ EXEMPLE.

Mode Mineur.

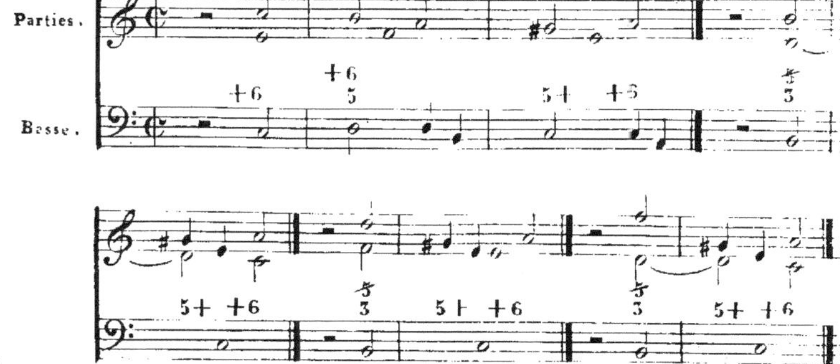

Dans la 3ème mesure, la 5te augmentée est précédée de la 7ème Mine et sauvée par la 6te Maje

Dans la 5ème mesure, Elle est précédée de l'Octave, la partie supérieure descendant de 3ce et sauvée par la 6te Maje

Dans la 7ème mesure, Elle est précédée de la 3ce Mine la partie supérieure descendant de 3te et sauvée par la 6te Maje

Dans la 9ème mesure, Elle est précédée de la 5te Dime la partie supérieure descendant de 7ème et sauvée par la 6te Maje

Observation sur la manière de pratiquer certaines dissonances par rapport aux différents tems des mesures.

On distingue le tems des mesures en Fort et Faible. Le 1er et le 3ème tems d'une mesure à quatre tems sont Forts, le 2d et le 4ème sont Faibles. le 1er tems d'une mesure à deux tems est Fort et le 2d est Faible. le 1er tems d'une mesure à trois tems est Fort, le 2d et le 3ème sont Faibles.

Lorsque dans un morceau de musique à deux tems ou à quatre tems, la partie supérieure forme sur la Basse plusieurs 7èmes ou plusieurs 2des chacune de ces dissonances doit être préparée par la liaison dans un tems Faible et paraître dans un tems Fort.

EXEMPLE.

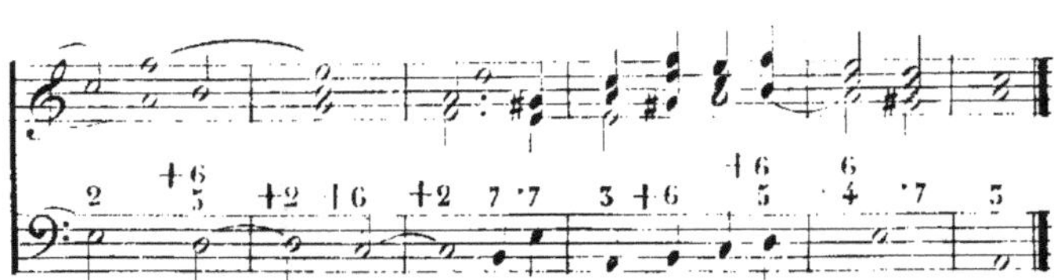

Lorsqu'on veut pratiquer ces dissonances dans la mesure à trois tems, chaque dissonance peut remplir un ou

deux tems, et doit toujours commencer dans le tems Fort.

EXEMPLE.

Mode Mineur.

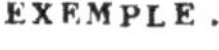

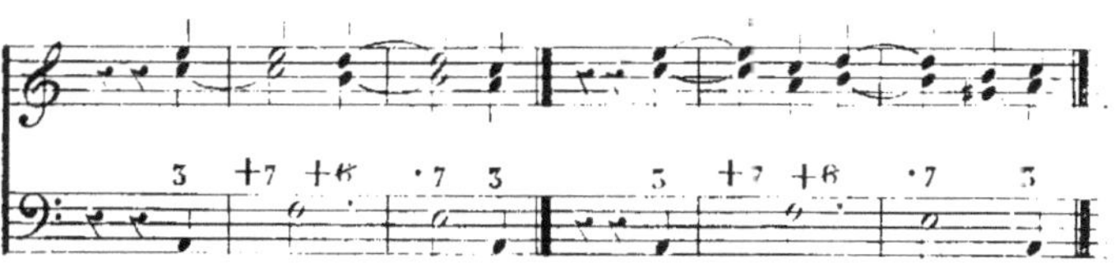

Lorsque ces dissonances doivent n'occuper chacune que la moitié d'un tems, chacune doit paraître au commencement d'un tems Fort, après avoir été préparée dans la dernière moitié du tems Faible.

EXEMPLE.

Mode Majeur.

DIX-SEPTIÈME LEÇON.

RÉUNION DE PLUSIEURS ACCORDS DISSONANS, PRODUITS DE L'ACCORD DE SEPTIÈME DE DOMINANTE, SAUVÉS PAR L'ACCORD PARFAIT DE LA 1ère NOTE DU TON OU SES DÉRIVÉS.

EXEMPLE.

Dans la 1ère mesure, est l'Accord de Septième de Do-minante.

Dans la 2de mesure, est l'Accord de Quinte diminuée.

Dans la 3ème mesure, est l'Accord de petite Sixte Majre la gamme montante.

Dans la 4ème mesure, est l'Accord de petite Sixte Majre la gamme descendante.

Dans la 5ème mesure, est l'Accord appelé Quarte Augte

Dans la 6ème mesure, est l'Accord de Onzième, appelé Septième augmentée.

Dans la 7ème mesure, est l'Accord de Neuvième Minre

Dans la 8ème mesure, est l'Accord de petite Sixte Majre réuni avec celui de 7ème de dominante.

EXEMPLE.

Dans la 1ère mesure, est l'Accord de Septième de Domte

Dans la 2de mesure, est l'Accord de Quinte diminuée.

Dans la 3ème mesure, est l'Accord de petite Sixte Maj.re la Gamme montante.

Dans la 4ème mesure, est l'Accord de petite Sixte Maj.re la Gamme descendante.

Dans la 5ème mesure, est l'Accord appelé Quarte Aug.tée

Dans la 6ème mesure, est l'Accord de Onzième appelé Septième augmentée.

Dans la 7ème mesure, est l'Accord de Quinte augmentée.

Dans l'Accord de petite Sixte majeure reuni à celui de Septième de dominante.

RÉUNION DE PLUSIEURS ACCORDS DISSONANS PRODUITS DE L'ACCORD DE SEPTIÈME MINEURE, SAUVÉS PAR L'AC_ CORD PARFAIT DE LA DOMINANTE, OU SES DÉRIVÉS.

EXEMPLE.

Mode Majeur.

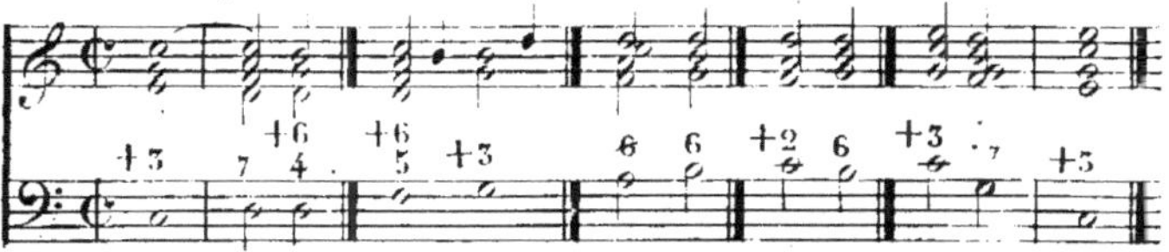

Dans la 2de mesure, est l'Accord de Septième Min.re

Dans la 3ème mesure, est l'Accord de Quinte et Sixte Maj.re

Dans la 4ème mesure, est l'Accord de petite Sixte Min.re

Dans la 5ème mesure, est l'Accord de Seconde Maj.re

RÉUNION DE PLUSIEURS ACCORDS DISSONANS PRODUITS DE L'ACCORD DE SEPTIÈME MIN.re ET QUINTE DIMI.e, SAUVÉS PAR L'ACCORD PARFAIT DE LA DOMINANTE, OU SES DÉRIVÉS.

EXEMPLE.

Mode Mineur.

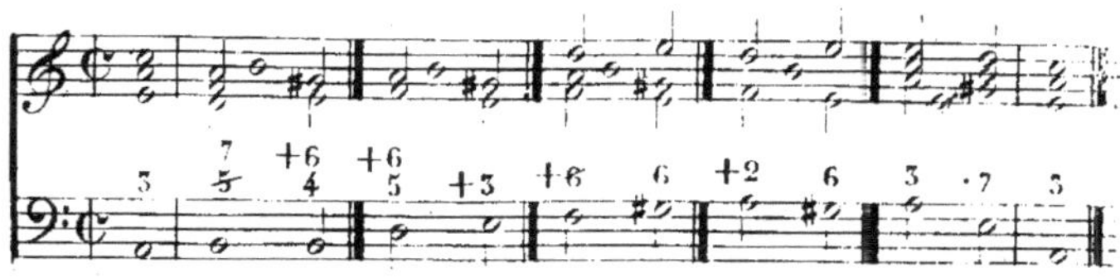

Dans la 2de mesure, est l'Accord de Septième et Quinte Dim^{ée}

Dans la 3ème mesure, est l'Accord de Quinte et Sixte Maj^{re}

Dans la 4ème mesure, est l'Accord de petite Sixte Maj^{re}

Dans la 5ème mesure, est l'Accord de Seconde Maj^{re}

DIX - HUITIÈME LEÇON.

RÉCAPITULATION DES ACCORDS CONSONNANS ET DISSONANS ET LEUR EMPLOI.

L'Accord parfait, peut s'employer sur toutes les notes de la Gamme Maj^{re} et Min^{re}, soit en montant soit en descendant.

L'Accord parfait majeur s'accompagne de la 3^{ce} Maj^{re} 5te Nat^{elle} et Octave.

L'Accord parfait mineur, s'accompagne de la 3^{ce} Min^{re} 5te Nat^{relle} et Octave.

L'Accord de Seconde, peut s'employer sur toutes les notes de la Gamme Maj^{re} et Min^{re}, lorsqu'elle descend.

La Seconde mineure, s'accompagne de la 4te Nat^{elle} et 6te mineure.

La Seconde majeure, s'accompagne de la 4te Nat^{elle} et 6te majeure.

La Seconde augmentée, s'accompagne de la 4te Aug^{tée} et 6te majeure.

L'Accord de Quarte et Sixte, peut s'employer sur toutes les notes de la Gamme Maj^{re} et Min^{re}, soit en montant soit en descendant, excepté sur la note sensible.

La Quarte et Sixte, s'accompagnent de l'Octave.

L'Accord de Quarte augmentée, s'emploie sur la 4ème note du ton, la Gamme descendante.

La Quarte augmentée, s'accompagne de la 2de majeure et 6te majeure.

L'Accord de Quarte augmentée et Tierce mineure, s'emploie sur la 4ème note d'un ton Mineur, la Gamme descendante.

La Quarte augmentée et Tierce Min^{re}, s'accompagnent de la 6te Maj^{re}

L'Accord de Quarte et Quinte, peut s'employer sur la 1ère note du ton et sur la Dominante.

La Quarte et Quinte, s'accompagnent de l'Octave.

L'Accord de Quinte et Sixte, peut s'employer sur toutes les notes de la Gamme Maj^{re} et Min^{re}, soit en montant soit en descendant.

La Quinte et Sixte, s'accompagnent de la 3^{ce} Maj^{re} ou Mineure et Octave.

L'Accord de Quinte diminuée, s'emploie sur la 7ème note du ton, la Gamme montante.

La Quinte diminuée, s'accompagne de la 3^{ce} Min^{re} et 6te Min^{re}

L'Accord de Quinte augmentée, s'emploie sur la 3ème note d'un ton Min^r, la Gamme montante.

La Quinte augmentée, s'accompagne de la 3^{ce} Maj^{re} 7ème Maj^{re} et 9ème Maj^{re}

L'Accord de Quinte augmentée et Onzième, s'accompagnent de la 7ème Maj^{re} et 9ème Maj^{re}

L'Accord de Sixte, peut s'employer sur toutes les notes de la Gamme Maj^{re} et Min^{re}, soit en montant, soit en descendant.

La Sixte mineure, s'accompagne de la 3^{ce} Min^{re} et Octave.

La Sixte majeure, s'accompagne de la 3^{ce} Maj^{re} et Octave.

L'Accord de Sixte augmentée, s'emploie sur la 6ème note d'un ton Min^r, la Gamme descendante.

La Sixte augmentée s'accompagne de la 3^{ce} Maj^{re} et 5te Nat^{elle}

L'Accord de petite Sixte, peut s'employer sur toutes les notes de la Gamme, lorsqu'elle monte ou descend, et la Gamme parcourant différents tons.

La petite Sixte mineure, s'accompagne de la 3^{ce} Min^{re} ou Maj^{re} 4te Nat^{elle} et Octave.

La petite Sixte majeure, s'accompagne de la 3^{ce} Maj^{re} ou Min^{re} 4te Nat^{elle} et Octave.

L'Accord de Septième, peut s'employer sur toutes les notes de la Gamme Maj^{re} et Min^{re}, soit en montant, soit en descendant, et la Gamme parcourant différents tons.

La Septième mineure, s'accompagne de la 3^{ce} Min^{re} 5te Nat^{elle} et Octave.

La Septième mineure et Quinte diminuée, s'emploient sur la 2de note d'un ton Min.r la Gamme montante elles s'accompagnent de la 3ce Min.re et Octave.

La Septième Majeure, s'accompagne de la 3ce Maj.re 5.te Nat.elle et Octave.

La Septième de dominante, s'accompagne de la 3ce Maj.re 5.te Nat.elle et Octave.

L'Accord de Septième diminuée, s'emploie sur la note sen_sible ou 7.ème note d'un ton Mineur.

La Septième diminuée, s'accompagne de la 3ce mineure et 5.te diminuée.

L'Accord de Neuvième, peut s'employer sur la note tonique ou 1ère note du ton, la 2de la 3ème la 4ème et la 5ème note de la Gamme Maj.re en montant et sur la 1ère la 2de la 3ème la 4ème et la 5ème note de la Gamme Min.re en montant.

La Neuvième mineure, s'accompagne de la 3ce Min.re 5.te Nat.elle et 7.ème Min.re

La Neuvième majeure, s'accompagne de la 3ce Maj.re 5.te Nat.elle et 7.ème Maj.re

L'Accord de Onzième peut s'employer sur la 2de et la 6ème note de la Gamme Maj.re en montant et sur la 2de note de la Gam_me Min.re en montant.

La Onzième, s'accompagne de la 5.te Nat.elle 7.ème Maj.re et 9.ème Maj.re

L'Accord de Onzième, appelé Septième augmentée, peut s'employer encore sur la note tonique ou 1ère note d'un ton Maj.r

La Onzième, appelée 7.ème augmentée, s'accompagne de la 5.te Nat.elle 7.ème augmentée, 9.ème Maj.r

L'Accord de Treizième Min.re appelé Septième augmentée, s'emploie sur la note tonique ou 1ère note d'un ton Min.r et Maj.r

La Treizième Min.re appelée Septième augmentée et 6.te Min.re, s'accompagne de la 7.ème Aug.tée 9.ème Maj.re et 11.ème

L'Accord de Treizième majeure, s'emploie sur la note tonique ou 1ère note d'un ton Maj.r

La Treizième majeure, s'accompagne de la 7.ème Maj.re 9.ème Maj.re et 11.ème

EXEMPLE DES ACCORDS CONSONNANS ET DISSONANS AVEC LEUR EMPLOI SUR CHACUNE DES NOTES DE LA GAMME MONTANTE DANS LE TON MAJEUR.

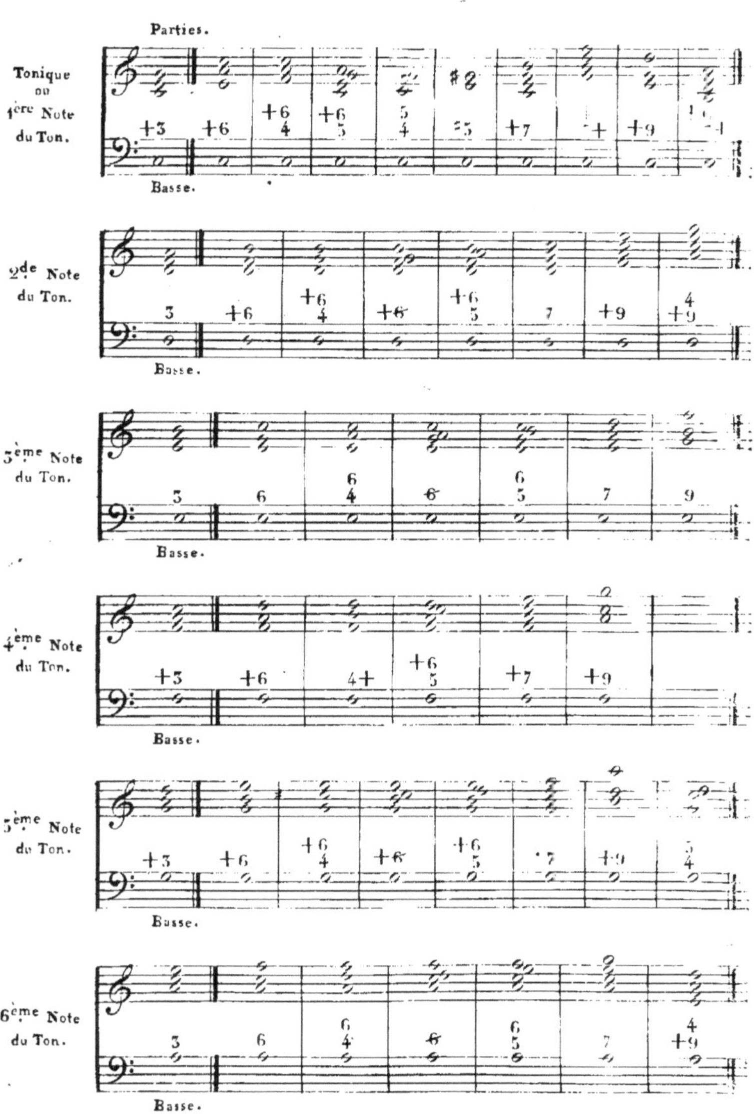

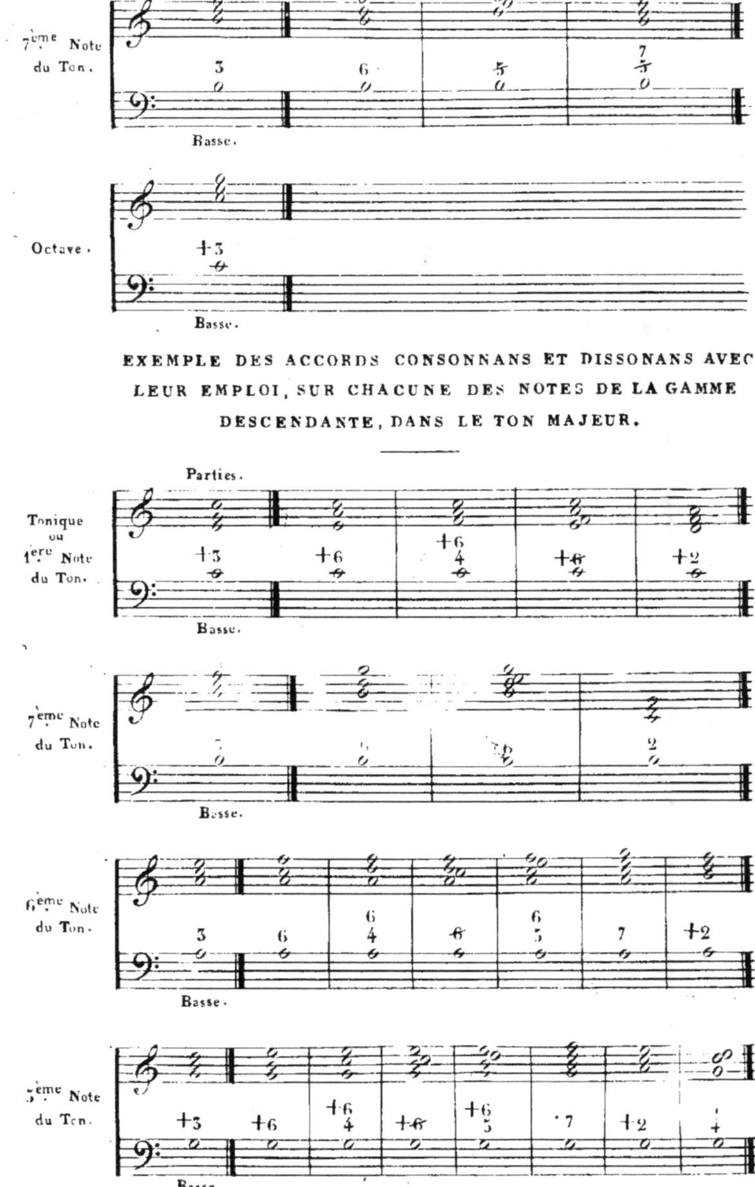

EXEMPLE DES ACCORDS CONSONNANS ET DISSONANS AVEC
LEUR EMPLOI, SUR CHACUNE DES NOTES DE LA GAMME
DESCENDANTE, DANS LE TON MAJEUR.

EXEMPLE DES ACCORDS CONSONNANS ET DISSONANS AVEC
LEUR EMPLOI, SUR CHACUNE DES NOTES DE LA GAMME
MONTANTE DANS LE TON MINEUR.

3ème Note
du Ton.
+3 +6 +6 4 +8 +6 5 +7 5+ 4 5+
Basse.
4ème Note
du Ton.
3 +6 +6 +4 +6 +6 5 7 +9
Basse.
5ème Note
du Ton.
3 6 6 4 7 9 5 4
Basse.
ou
6ème Note
du Ton.
+3 6 +6 4 6 +6 5 3 6 6 4 6 6 5 7
Basse.
7ème Not
du Ton.
3 6 5 7
Basse.
Octave
ou
Réplique.
3
Basse.

EXEMPLE DES ACCORDS CONSONNANS ET DISSONANS AVEC
LEUR EMPLOI, SUR CHACUNE DES NOTES DE LA GAMME
DESCENDANTE DANS LE TON MINEUR.

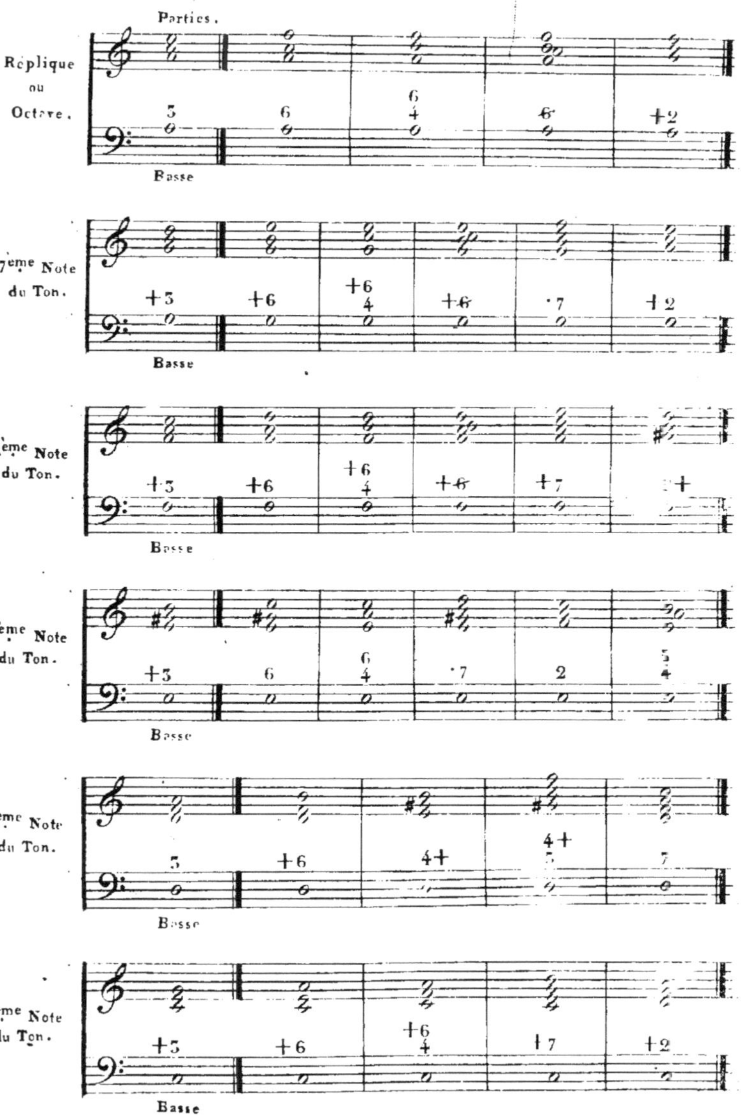

2ème Note
du Ton.

Tonique
ou
1ère Note
du Ton.

MANIERE D'EMPLOYER LES ACCORDS CONSONNANS ET DIS-
SONANS SUR CHACUNE DES NOTES DE LA GAMME MAJ.re ET
MIN.re, EN LES PRÉPARANT ET LES SAUVANT, SOIT EN MONTANT
SOIT EN DESCENDANT.

Les Accords consonnans se distinguent par les Rondes
et les Accords dissonans par les Noires.

MODE MAJEUR.

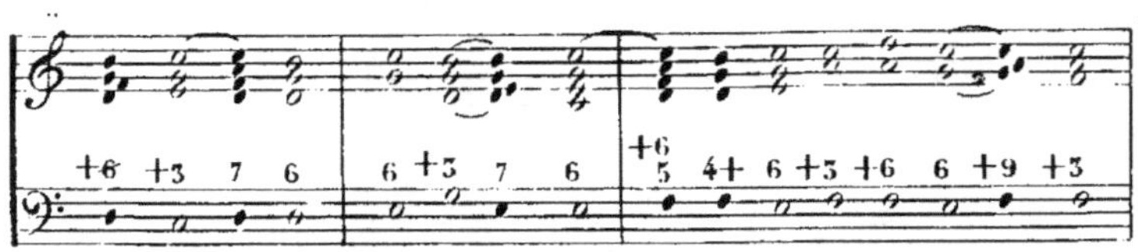

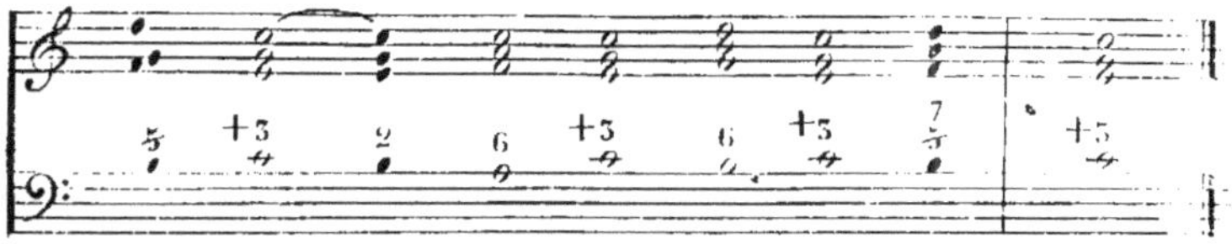

MODE MINEUR.

DIX-NEUVIÈME LEÇON.

On distingue les Tons par le nombre de Dièses ou de Bé-
mols qui se trouvent après la Clé et par la Tierce qui est composée de deux tons dans le mode majeur, et d'un ton et demi
dans le mode mineur.

Gammes des Anciens, en Accords Consonnans.

Gamme de Do Majeur.

3.ème Position.

2.ème Position.

1.ère Position.

Parties.

Basse.

Gamme de La Mineur.

3.ème Position.

2.ème Position.

1.ère Position.

Parties.

Basse.

Gammes des Modernes avec des Accords Consonnans.

en Do Majeur.

3.ème Position.

2.ème Position.

1.ère Position.

Parties.

Basse.

en La Mineur.

Gamme des anciens, avec dec Accords consonnans et dis-sonans et sortie du ton de DO majeur pour passer en SOL maj.r en faisant porter à la 6ème note l'Accord de petite 6.te Maj.re LA, DO, RÉ, FA#, 2.d dérivé de l'Accord de 7ème de dominante RÉ, FA, LA, DO: regardant le LA comme 2.de note du ton de SOL Maj.r et remettant ensuite le FA dans son ton Nat.rel pour retourner en DO Maj.r

DO MAJEUR.

Gamme des modernes avec des Accords consonnans et dis-sonans et sortie du ton de DO Maj.r pour passer en SOL Maj.r en faisant porter à la 6ème note la Gamme descendante, l'Ac-cord de petite 6.te Maj.re regardant le LA comme 2.de note du

ton de SOL Maj! et remettant le FA dans son ton Nat.el pour
retourner en DO Maj!

DO MAJEUR.

Chant composé sur la Gamme Majeure.

Gamme en La Mineur.

Il est essentiel que l'Élève s'exerce sur la Gamme de
tous les tons Majeurs et Mineurs, pour bien se familiariser
avec les Accords (soit de mémoire ou par écrit) et s'assu‑
rer aussi s'il prépare et sauve strictement ces mêmes Ac‑
cords . On doit prendre pour modèle le ton de DO Majr. et
le ton de LA Minr.

autre Gamme de La Mineur.

Chant composé sur la Gamme mineure.

autres manières de descendre la Gamme Mineure.

VINGTIÈME LEÇON.

ACCORD DE SEPTIÈME, SUR TOUTES LES NOTES DE LA GAMME MAJEURE ET MINEURE, TANT EN MONTANT QU'EN DESCENDANT.

EXEMPLE.

en DO Majeur.

Lorsque la Basse porte l'Accord de 7me, Elle doit toujours descendre de 5te et monter de 4te ou monter de 4te et descendre de 5te

Dans le mode Min^r on ne peut pas employer les Accords de 7mes la gamme montante, en suivant la même marche: mais en descendant, elles s'emploient de même

en LA Mineur.

Dans la Gamme de DO majeur; en ajoutant un dièse, un bémol ou un bécarre, l'Accord de 7ème Min^{re} et 7ème Maj^{re} deviennent des Accords de 7mes de dominantes: en conséquence, avec le secours de la 7ème de dominante et ses dérivés, on change de Ton ou Mode à volonté.

EXEMPLE.

Dans la 1ère mesure de la Gamme montante, en chan‑
geant le SI naturel en SI♭ on va en FA Maj.r la 1ère moitié
de DO à la Basse, porte l'Accord parfait Maj.r et la 2de moi‑
tié, l'Accord de 7ème de dominante, regardée comme la 5ème
note de la Gamme de FA Maj.r

Dans la 2de mesure, en changeant le FA Nat^{el} en FA♯, on va en SOL Maj^r, la 1ère moitié de RÉ porte l'Accord parfait Maj^r et la 2de moitié, l'Accord de 7ème de dominante, regardée comme la 5ème note de la gamme de SOL Maj^r

Dans la 3ème mesure, en changeant le SOL Nat^{el} en SOL♯, on va en LA Min^r, la 1ère moitié de MI, porte l'Accord parfait Maj^r et la 2de moitié, l'Accord de 7ème de dominante, regardée comme la 5ème note de la gamme de LA Min^r

Dans la 4ème mesure, en changeant le MI Nat^{el} en MI♭ on va en SI♭ Maj^r, la 1ère moitié de FA, porte l'Accord parfait Maj^r et la 2de moitié, l'Accord de 7ème de dominante, regardée comme la 5ème note de la gamme de SI♭ Maj^r

Dans la 5ème mesure, en changeant le SI♭ en SI Nat^{el} on va en DO Maj^r, la 1ère moitié de SOL, porte l'Accord parfait Maj^r et la 2de moitié, l'Accord de 7ème de dominante, regardée comme la 5ème note de la gamme de DO Maj^r

Dans la 6ème mesure, en changeant le DO Nat^{el} en DO♯ on va en RÉ Min^r, la 1ère moitié de LA, porte l'Accord parfait Maj^r et la 2de moitié, l'Accord de 7ème de dominante, regardée comme la 5ème note de la gamme de RÉ Min^r

Dans la 7ème mesure, on emploie l'Accord de 6te Min^{re} sur la 1ère moitié de SOL, et la 5te diminuée sur la 2de moitié, pour retourner en DO Maj^r

---

Dans la 1ère mesure de la gamme descendante, en changeant le SI Nat^{el} en SI♭ on va en FA Maj^r, le 1er tems de DO porte l'Acc^d parfait Maj^r et son 2^d tems, l'Accord de 7ème de dominante, regardée comme la 5ème note de FA Maj^r

Dans la 2de mesure, en changeant le MI Nat^{el} en MI♭ on va en SI♭ Maj^r, le 1er tems de FA porte l'Accord parfait Maj^r et son 2^d tems, l'Accord de 7ème de dominante, regardée comme la 5ème note de SI♭ Maj^r

Dans la 3ème mesure, en changeant le LA Nat^{el} en LA♭ on va en MI♭ Maj^r, le 1er tems de SI♭ porte l'Accord parfait Maj^r et son 2^d tems, l'Accord de 7ème de dominante, regardée comme la 5ème note de MI♭ Maj^r

Dans la 4ème mesure, on emploie l'Accord parfait Maj^r sur le 1ᵉʳ tems de MI♭ et l'Accord de 7ᵉᵐᵉ Majʳᵉ sur le 2ᵈ tems.

Dans la 5ᵉᵐᵉ mesure, en changeant le DO Natᵉˡ en DO♯ au 2ᵈ tems, on va en RÉ Minʳ, le LA♭ porte l'Accord parfait Minʳ et le LA Natᵉˡ porte l'Accord de 7ᵉᵐᵉ de dominante, regardée com- me la 5ᵉᵐᵉ note de RÉ Minʳ

Dans la 6ᵉᵐᵉ mesure, en changeant le FA Natᵉˡ en FA♯, on va en SOL Majʳ: le 1ᵉʳ tems de RÉ, porte l'Accord parfait Minʳ et son 2ᵈ tems l'Accord de 7ᵉᵐᵉ de dominante, regardée comme la 5ᵉᵐᵉ note du ton de SOL Majʳ

Dans la 7ᵉᵐᵉ mesure, on emploie l'Accord parfait de la do- minante de la gamme de DO Majʳ sur le 1ᵉʳ tems de SOL, et l'Accord de 7ᵉᵐᵉ de dominante sur son 2ᵈ tems, pour retourner en DO Majʳ

MANIÈRE DE DESCENDRE LA GAMME AVEC LE PREMIER DÉRIVÉ, FORMÉ PAR LES ACCORS DE 7ᵉᵐᵉ MAJʳᵉ ET MINʳᵉ

EXEMPLE.

en La Mineur.

MANIÈRE DE DESCENDRE LA GAMME AVEC LE 3ème DÉRIVÉ, FORMÉ PAR LES ACCORDS DE 7ème MAJre ET MINre

en Do Majeur.

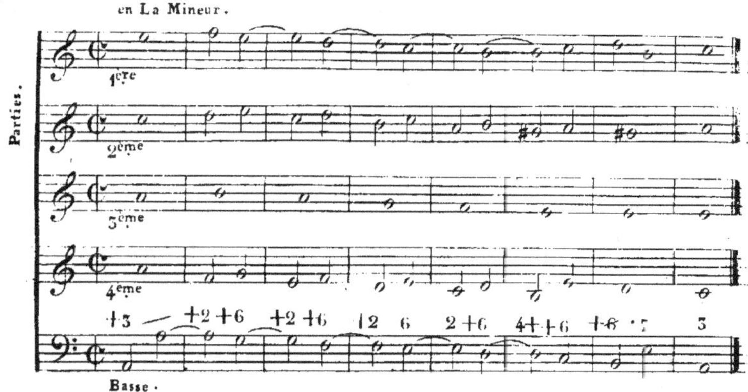

GAMME CHROMATIQUE EN MONTANT ET EN DESCENDANT.

VINGT-ET-UNIÈME LEÇON.

On peut changer de Ton à volonté avec l'emploi de l'Accord Septième de dominante et ses dérivés.

MODULATIONS DANS LE MODE MAJEUR, PAR PROGRESSIONS.

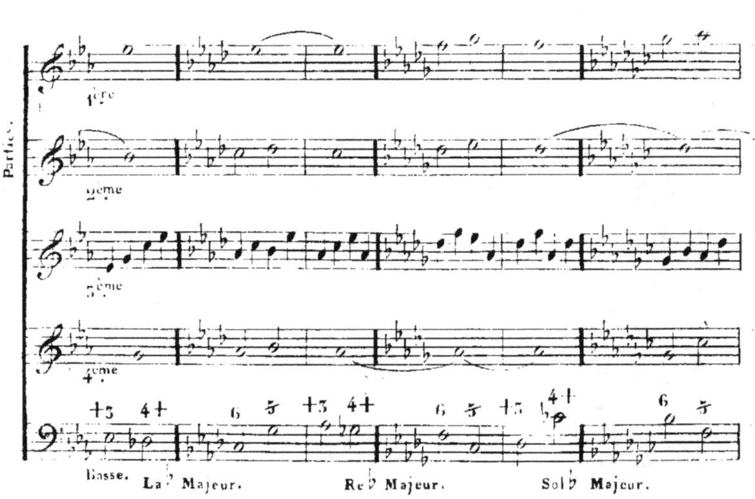

MODULATIONS DANS LE MODE MINEUR, PAR PROGRESSIONS.

136
Parties.
1ère
2ème
3ème
4ème
3 4+   +6 5   3 4+   +6 5   3 4+   +6 5
Basse.
Fa Mineur.   Si♭ Mineur.   Mi♭ Mineur.

Parties.
1ère
2ème
3ème
4ème
3   4+   +6 5   3 4+   +6 5   3 4+   6 5
Basse.
Sol♯ Mineur.   Do♯ Mineur.   Fa♯ Min.

Parties.
1ère
2ème
3ème
4ème
3 4+   +6 5   3 4+   6 5   3 4+   6 5 3
Basse.
Si Mineur.   Mi Mineur.   La Mineur.

VINGT-DEUXIÈME LEÇON.

MODULATIONS ENHARMONIQUES.

On appelle Modulations enharmoniques, celles dans lesquelles une ou plusieurs des parties font un intervalle enharmonique. Cet intervalle est la différence qui existe entre deux sons rendus par la même touche ou par le même son, comme DO♯ et RÉ♭, etc. Elle a lieu dans l'harmonie toutes les fois qu'une de ces notes est prise pour l'autre.

EXEMPLE.

Parties.
1ère
2ème
3ème
4ème
Basse. Do Majr Do Minr Mib Majr Do Majr
Parties.
1ère
2ème
3ème
4ème
Basse. Solb Majr Do Majr La Minr
Parties.
1ère
2ème
3ème
4ème
Basse. Do Majr Sol Minr Sol Majr Do Majr

Parties.
1ère
2ème
3ème
4ème
Basse.
Sol Min.r Si♭ Maj.r   Do Maj.r   Sol Min.r Re♭ Maj.r
Parties.
1ère
2ème
3ème
4ème
Basse.
Do Maj.r   Sol Min.r Mi Min.r
Parties.
1ère
2ème
3ème
4ème
Basse.
Do Maj.r   Fa Min.r Fa Maj.r   Do Maj.r

Il faut observer que le genre de modulation enharmonique, s'emploie le plus souvent dans les caprices, fantaisies, préludes et exercices et dans les récitatifs.

Lorsque le morceau de musique est d'une certaine longueur, il est impossible qu'il n'y ait pas de transitions absolues: dans ce cas, on suit son génie et l'on tâche de ne pas s'égarer dans des tons qui puissent choquer l'oreille.

Après cette leçon, on fera lire les partitions des meil

leurs auteurs à l'élève, pour connaître s'il en distingue bien les accords et comment ces mêmes auteurs passent d'un ton dans un autre.

Ensuite l'Élève composera un morceau de musique dans lequel il passera dans plusieurs tons et le fera voir à son professeur, et après l'élève en composera la Basse et les parties.

VINGT-TROISIÈME LEÇON.

Les Soixante douze accords chromatiques réduits à trois, ce qui donne une grande facilité, en préludant, de passer d'un ton dans un autre sans que l'oreille s'en apperçoive beaucoup en sauvant toujours les dissonances selon les principes ordinaires. On emploie ces accords sans changer de touches dans les parties, en exceptant cependant les accords de 7ème diminuée de 2de augmentée et de 4te augmentée avec 3ce mineure. Il faut retrancher dans l'accord de 7ème diminuée, la note qui forme l'octave de la basse dans les parties. Dans la 2de augmentée, il faut monter d'un degré la note qui suit la 6te et porter le DO d'en bas de l'accord de 6te majeure, qui se trouve à l'octave, dans les parties, cela évite deux octaves sous entendues dans RÉ, DO et FA DO. Dans l'accord de 4te augmentée avec 3ce mineure, il faut monter d'un degré la note qui suit celle qui fait octave avec la basse, et porter le DO d'en bas de l'accord de 6te majeure, qui se trouve à l'octave dans les parties, cela évite deux octaves dans RÉ, DO aux parties et RÉ DO avec la basse.

EXEMPLE.

ACCORD DE SEPTIÈME DIMINUÉE, SUR LE SOL♯, NOTE SENSIBLE DE LA MINEUR.

BASSES.

	en La Mineur	en Do Mineur	en Mi♭ Mineur	en Fa♯ Mineur
Figures (staff 1)	2+ +6	4/5+ +6	6/5 +6	7 3
Notes	6ème Note.	4ème Note.	2ème Note.	7ème Note ou Note Sensible.
Figures (staff 2)	4/5 +6	6/5 +6	7 3	2+ +6
Notes	4ème Note.	2ème Note.	7ème Note ou Note Sensible.	6ème Note.
Figures (staff 3)	4/5+ +6	4/5+ +6	4/5+ +6	4/5+ +6
Notes	3ème Note.	3ème Note.	3ème Note.	3ème Note.
Figures (staff 4)	6/5 +6	7 3	2+ +6	4/5+ +6
Notes	2ème Note.	7ème Note ou Note Sensible.	6ème Note.	4ème Note.
Figures (staff 5)	7 3	2+ +6	4/3+ +6	6/5 +6
Notes	7ème Note ou Note Sensible.	6ème Note.	4ème Note.	2ème Note.
Figures (staff 6)	6/7+ 3	6/7+ 3	6/7+ 3	6/7+ 3
Notes	1ère Note ou Tonique.	1ère Note ou Tonique.	1ère Note ou Tonique.	1ère Note ou Tonique.

ACCORD DE SEPTIÈME DIMINUÉE SUR LE DO♯, NOTE SENSIBLE DE RÉ MINEUR.

ACCORD DE SEPTIÈME DIMINUÉE SUR LE FA♯, NOTE SENSIBLE DE SOL MINEUR.

Parties.

BASSES.

6ᵉᵐᵉ Note. 4ᵉᵐᵉ Note. 2ᵉᵐᵉ Note. 7ᵉᵐᵉ Note ou Note Sensible.

4ᵉᵐᵉ Note. 2ᵉᵐᵉ Note. 7ᵉᵐᵉ Note ou Note Sensible. 6ᵉᵐᵉ Note.

3ᵉᵐᵉ Note. 3ᵉᵐᵉ Note. 3ᵉᵐᵉ Note. 3ᵉᵐᵉ Note.

2ᵉᵐᵉ Note. 7ᵉᵐᵉ Note ou Note Sensible. 6ᵉᵐᵉ Note. 4ᵉᵐᵉ Note.

7ᵉᵐᵉ Note ou Note Sensible. 6ᵉᵐᵉ Note. 4ᵉᵐᵉ Note. 2ᵉᵐᵉ Note.

1ᵉʳᵉ Note ou Tonique. en Sol Mineur. 1ᵉʳᵉ Note ou Tonique. en Si♭ Mineur. 1ᵉʳᵉ Note ou Tonique. en Do♯ Mineur. 1ᵉʳᵉ Note ou Tonique. en Mi Mineur.

RÉFLEXIONS SUR LA MANIÈRE D'ATTEINDRE L'IMITATION DE LA NATURE, DANS L'ART DE LA MUSIQUE.

Pour bien employer les accords et composer un tout harmonique, c'est à dire, un morceau de musique à plusieurs parties, il faut les faire succeder les uns aux autres, suivant les bons principes: préparer et sauver les dissonances, arranger les parties et connaître le choix des notes qui sont les plus favorables à chacune d'elles, et se proposer en formant ce tout harmonique, le but général de tous les beaux arts, qui est l'imitation de la nature.

La musique n'a pas été créée seulement pour flatter les oreilles, et étonner par ses difficultés: Elle est destinée, comme la poësie, à exercer l'imagination et à remuer le cœur, par la peinture d'objets et par l'expression de sentimens naturels. Elle est faite pour peindre des objets de différentes espèces, agréables, brillans, tristes, sombres terribles; et pour exprimer diverses situations, et diverses passions de l'âme, la tranquillité, la tendresse, la joie, le trouble, la crainte, la haine, la colère, la fureur, le chagrin, la douleur et le désespoir. Toute Musique qui ne plait qu'à l'oreille et qui étonne, ne cause qu'un plaisir léger et peu durable: et celle qui frappe l'imagination par ses chants et son expression, en remuant le cœur et l'âme, cause une impression vive ou douce, touchante et agréable, et qui subsiste quelquefois longtems après l'exécution.

Le faire d'une bonne Musique, n'est pas seulement d'enchaîner et unir des Sons, il faut chercher à peindre et imiter la nature c'est la première et la principale des règles que le gout prescrit au Musicien comme au poëte

Il faut distinguer dans la Musique, la Mélodie et l'harmonie: le Musicien doit toujours chercher à imiter la nature par la Mélodie. Toute Musique dont les chants ne peignent ou n'expriment rien, n'a de mérite, que celui du mécanisme de l'art, mécanisme auquel le goût ne permet pas de se borner: le Musicien n'est pas obligé de chercher à faire chanter toutes les parties. on ne doit s'attacher à le faire, que dans les parties principales. les autres parties peuvent, suivant l'espèce du morceau ou elles se trouvent et suivant la place qu'elles y occupent, offrir un chant qui amuse simplement l'oreille, ou même un chant desagréable par lui même, et qui ne fasse d'autre effet, que d'augmenter l'harmonie, quand il est uni aux chants des autres parties du morceau de musique.

Quant à l'harmonie, il ne faut pas l'isoler et ne la faire servir qu'au plaisir de l'oreille. Si l'on néglige le parti qu'on en peut tirer pour l'expression, il faut du moins prendre garde qu'elle ne s'oppose à l'effet de la Mélodie: car elle peut être contraire au caractère du chant, et quoique conforme aux règles, elle est alors condamnée par le goût, qui désapprouve tout ce qui nuit à l'impression que doit faire la Mélodie.

L'art ne donne point les moyens d'imiter la nature: le génie seul, sait les trouver: il est néanmoins des conseils qui peuvent aider le génie et le préserver de certains écarts.

Les plus beaux chants, ne sont pas les chants les plus singuliers et les plus difficiles: un chant souvent n'est pas admirable parce qu'il est neuf et composé avec beaucoup d'efforts; ces chants peuvent plaire aux personnes sans goût, mais ils glacent les auditeurs sensibles aux vraies beautés de la Mélodie.

L'harmonie la plus belle, n'est pas celle qui étonne l'oreille par sa dureté, mais celle dont le caractère concourt avec celui de la Mélodie.

Il faut employer les Accords, suivant leur caractère et celui du chant, ou du moins se servir rarement des Accords durs, lorsqu'ils s'opposent à l'impression que le chant doit faire sur l'âme des auditeurs, on peut s'en servir en les employant avec retranchemens.

Dans les morceaux à deux et à plusieurs parties, la plus basse des parties s'appelle Basse continue ou simplement Basse, les autres, parties supérieures.

La Basse continue est la plus basse de toutes les parties, elle forme pour l'ordinaire les mêmes mouvemens et les mêmes notes que la Basse fondamentale. Elle consiste donc, dans la réunion fréquente avec la Basse fondamentale et dans les traits de chants qu'on peut lui donner, suivant les différentes espèces de morceaux de musique dont elle fait partie.

Pour bien lier son harmonie, il faut le plus souvent possi_ ble, qu'il reste une note ou deux d'un Accord quelconque, pour en aller former l'Accord suivant.

Pour moduler en majeur, on peut aller du ton principal à la Quinte, ou à la Quarte, ou à la Tierce en descendant ou enfin dans le ton mineur du ton principal: comme de DO majeur en SOL majeur, ou en FA majeur, ou en LA mineur, ou enfin en DO mineur.

Pour moduler en mineur, on peut aller du ton principal à la Quinte, ou à la Quarte, ou à la Tierce en descendant ou en montant, ou dans le ton majeur du ton principal: comme de LA mi_ neur en MI mineur, ou en RÉ mineur, ou en FA majeur, ou en DO majeur, ou enfin en LA majeur: et ensuite suivre son génie, sui_ vant la longueur du morceau de musique, en ne s'éloignant ja_ mais du ton principal, et choisissant les Tons les plus favora_ bles pour pouvoir y rentrer naturellement.

La musique doit être phrasée comme le discours. les phrases sont ordinairement composées de deux, quatre, six et huit mesures; quand elles le sont de trois et de cinq mesures, il faut que les phrases suivantes soient de trois et de cinq me_ sures, si cela est possible. Ces mêmes phrases ont des repos par_ faits et imparfaits: il n'y a que sur la note tonique, qu'existe le repos parfait.

Pour composer, il faut saisir les instans ou l'imaginati_ on est échauffée, coucher ses idées sur le papier, trouver un mo_ tif analogue au sujet que vous voulez traiter, le suivre et ne pas s'en écarter, afin de pouvoir y revenir à volonté: lorsque le chant est achevé, on le met en partition et l'on fait les parties d'accom_ pagnement, en les soignant et en ne les chargeant pas trop de notes, pour que l'on puisse entendre toujours le chant principal, résultat de toute vraie et bonne musique.

Ce n'est qu'avec l'étude approfondie des partitions des grands maîtres en tout genre, qu'on peut se convaincre de la véri_ _té que j'expose, et de l'utilité qu'il y a de s'instruire sur les grands modèles, afin de pouvoir les imiter, si la nature nous a doué plus ou moins de génie.

(N.ta) Je ne puis passer sous silence, un article qui doit intéresser tous les Français.

La musique est un Art qui n'est pas peut être sans **quelqu'avantage** et pour les mœurs et pour la société, puisque chez les anciens, il faisait partie de l'éducation, comme il le fait aujourd'hui chez nos voisins : il a surtout le pouvoir de flatter les sens, sans les corrompre.

Les étrangers ne peuvent plus dire que nous ne sommes pas organisés pour la musique, quand on pense aux progrès que nous avons fait dans la musique instrumentale. La raison de notre infériorité en musique vocale, est dans l'abscence d'école de musique.

En Allemagne et nommément dans les états de l'Empereur d'Autriche ou j'ai résidé plusieurs anneés : il y a vingt-cinq écoles, (dirigées par un maître de chapelle) où l'on enseigne la musique et la composition, ainsi que dans toutes les villes de l'Allemagne. Les dimanches et fêtes de l'année, on chante la messe en musique et en grande symphonie, avec orgue. Dans les plus petits villages, les villageois et villageoises exécutent aussi Fêtes et Dimanches la messe en grande symphonie.

En France, l'art de la musique n'est pas aussi protégé que dans toute l'Allemagne, ainsi que dans l'Italie, Dans ces pays, les Cours, les Princes, les nobles et les riches protègent et favorisent l'art de la musique.

L'extrème disette de voix existe toujours en France, parcequ'il est peut être probable qu'on ne suit pas le vrai chemin pour la formation de la voix de poitrine ; cela vient encore de l'abscence d'école de musique dans les Départemens.

Si l'on n'y remedie pas promptement, les Spectacles lyriques seront forcés d'employer des musiciens vocalistes de l'Allemagne et de l'Italie, et peut être même des compositeurs. Alors nous n'aurions plus de musique nationale.

FIN.

TABLE.

FIN DE LA TABLE.